Frank Naumann
# Verlorene Erinnerung

# Frank Naumann

# Verlorene Erinnerung

*Ein Tagebuch*

Verlag
Neues Leben
Berlin

ISBN 3-355-01272-6

© Verlag Neues Leben GmbH, Berlin 1991
Schutzumschlag und Einband: Werner Hahn
Lichtsatz: Nationales Druckhaus GmbH
Druck und buchbinderische Weiterverarbeitung:
Chemnitzer Verlag und Druck GmbH
Werk Zwickau

# I

Mein Leben lang war ich gegen das Schreiben von Tagebüchern. In der Tat, was sollte mir die Selbstbespiegelung, das Hineinhorchen in die eigene Seele, als könne dort noch etwas anderes zu finden sein als der Stoff, den das Leben mir von außen aufdrängte! Ich bin immer ein arbeitsamer Mensch gewesen. Die Jahre verflogen, ohne mir eine Atempause zu gönnen, endlose Stunden im Labor oder im Büro fraßen meine Tage auf, später kam die Familie hinzu, besonders meine Tochter, die Bekannten. Für die Träumereien am Schreibtisch blieb keine Zeit. Bewundernswert die Dichter, deren hinterlassene Tagebücher viele Bände füllen, erstaunlich, wie viele Betrachtungen sie einer unscheinbaren Einzelheit widmen konnten, einem auffliegenden Vogel etwa oder einem herbstlichen Sonnenstrahl auf dem Morgentau. Ist es nicht seltsam, daß ich nun selber im achtundsechzigsten Jahr meines Lebens zum Federhalter greife und mit dem Datum überschriebene Zeilen auf das Papier werfe, Sätze niederlege, die nur von mir handeln, ausschließlich von mir? Es hilft wenig, dies eine Lebensbeichte, eine Gedächtnisstütze oder gar eine Altersmedizin zu nennen, es bleibt doch ein Tagebuch, ein *Journal intime,* wie die Franzosen sagen, und wenn es nicht triftige Gründe für meinen Sinneswandel gäbe, hätte ich auf jeden Fall die Finger davon gelassen.

Es mangelt mir an Übung in dieser Art von Schriftstellerei. Meine Fachartikel dagegen gehen mir schnell von der Hand; da habe ich einen klaren Aufbau nach Zielstellung, bisherigem Erkenntnisstand, Versuchsanordnung, Ergebnissen, Diskussion und Schluß. Aber hier? Entwerfe ich einen Lebensbericht und beginne mit „Ich wurde geboren am . . .“? Sollte vielleicht meine kurze Studienzeit am Anfang stehen, das Kriegsende oder die Institutsgründung? Beginne ich womöglich mit dem Heute und taste mich von den Wirkungen zu den Ursachen vor? Ich brauche einen roten Faden, an dem ich mich entlanghangeln kann, wenn mich mein Gedächtnis im Stich läßt. Aber stand nicht im Lexikon geschrieben, zuerst verliere man die Erinnerung an jüngste Geschehnisse, während lang Zurückliegendes bis zum Schluß abrufbar bleibt, eingemeißelt in die unzerstörbaren Tiefen des Unbewußten? Folglich muß ich wohl mit den letzten Wochen beginnen, die der Anlaß für diese seltsamen Aufzeichnungen sind.

Die Anfänge liegen schon mehr als zwei Jahre zurück. Es war ausgerechnet mein fünfundsechzigster Geburtstag, von dem alles seinen Ausgang nahm. Vormittags das Ehrenkolloquium, der Generaldirektor jenes Großbetriebes, an den unser Institut vor einigen Jahren angegliedert wurde, hielt eine feierliche Rede, sprach von den Pionieren der ersten Stunde, dem Vermächtnis der Aufbaugeneration, die den Grundstein für die heutigen Erfolge legte, dann folgten die Laudatio meiner Stellvertreter, Grußansprachen von Gästen mehrerer Universitäten, Blumen wurden übergeben, und ein Streichquartett spielte schluchzende Weisen.

Ich hatte schon oft an solchen Huldigungen teilgenommen, aber es ist ein ganz anderes Gefühl, wenn man selbst im Mittelpunkt steht. Mir traten wahrhaftig Tränen der Rührung in die Augen, ich weiß es noch genau. Es folgte die Gratulationscour; ich stand unterm Fenster, während alle übrigen sich in einer Reihe aufstellten, um mir die Hand zu schütteln und Banalitäten zu sagen, sich ein Sektglas vom nebenstehenden Tablett nehmen durften und Platz für den nächsten machten. Das ist eine Tortur für den Jubilar, wenn zweihundert Gratulanten ihre Aufwartung machen. Nach einer Stunde etwa trat mir plötzlich ein Flimmern vor die Augen, und irgendwie rutschten die Beine weg. Als ich wieder wach wurde, saß ich fünf Meter weiter auf einem Stuhl, rund zwanzig Personen beugten sich mit besorgten Gesichtern über mich, wedelten mir Luft zu, tätschelten meine Wangen, mehrere Gläser wurden mir gleichzeitig gereicht. Selbstverständlich bemühte ich mich um Haltung, atmete tief durch und stand auf, um den Rest der Pflichtübung zu absolvieren. In Wahrheit war ich zu Tode erschrocken, weniger wegen des Unwohlseins, das sicherlich harmlos war, sondern weil ich für eine Minute vergessen hatte, wer ich war.

Ich weiß es noch genau: Als ich die Augen wieder aufschlug, fehlte jede Erinnerung. Ich ahnte nicht, wo ich war; die über mich gebeugten Gesichter waren mir fremd, und die Frage, die mir auf der Zunge lag, lautete: Wer bin ich? Doch ich merkte rechtzeitig, daß irgend etwas faul war, die Leute guckten so besorgt. Als erstes erkannte ich den Festsaal wieder, dann gewannen einige Gesichter Vertrautheit, so als hätte ich sie vor längerer Zeit schon einmal gesehen, und plötzlich fiel mir mein Name ein. Bin ich etwa...? wollte ich schon fragen, da erinnerte ich mich mit Schrecken, daß dies der falsche Name war, jener nämlich, der mir seit vierzig Jahren nicht mehr über die Lippen kam, den ich glaubte längst vergessen zu haben. Nun erst sprang ich völlig in die Gegenwart zurück, nahm eins der dargereichten Gläser an, wehrte lächelnd jede weitere Hilfe ab und nahm meinen Platz unterhalb des Fensters wieder ein.

Niemandem sagte ich ein Wort der Erklärung. Die Kollegen gingen taktvoll schweigend über den Zwischenfall hinweg. Ich aber wußte, es war keine Lappalie, sondern ein dringendes Alarmzeichen, irgend etwas ging in mir vor, für einen kurzen Moment hatte sich mein Körper der Kontrolle verweigert, der ich ihn seit Jahrzehnten mit Akribie unterwarf.

Unmöglich, mich jemandem anzuvertrauen. Ich beschloß, mich in Zukunft genau zu beobachten und Vorkehrungen zu treffen, damit sich ein solcher Blackout in der Öffentlichkeit nicht wiederholte. Ich verlängerte die Zeit meiner täglichen gymnastischen Übungen um zehn Minuten. Ich führte ein strenges Regime ein, mied fettreiche und andere ungesunde Nahrung, verzichtete auf den Nachmittagskaffee, setzte regelmäßige Schlafenszeiten fest und legte vor allem am Tage des öfteren kurze Ruhepausen ein. Zunächst half das auch. Monatelang lief alles normal, die Gefahr schien gebannt. Ich verbrachte täglich mehrere Stunden im Institut, leitete einige Versuchsserien, wie es mir als emeritiertem Professor zustand, und nahm sogar noch an einigen Kongressen teil.

Aber etwa ein dreiviertel Jahr später kam es zu einem neuen Vorfall. Ich hatte mich auf der Frühjahrstagung unseres Fachbereiches zu Wort gemeldet, um einige Bermerkungen zu einem zukünftigen Forschungsvorhaben loszuwerden, als mir plötzlich der Name einer ganz simplen organischen Verbindung nicht einfiel, die seit Jahrzehnten bei uns angewendet wird. Mit der Sicherheit, die ich im tausendfachen Auftreten in der Öffentlichkeit erworben hatte, bat ich das Auditorium um einen Moment Geduld, beugte mich zu meinem Assistenten, ließ mir die gesuchte Bezeichnung sagen und setzte meine Ausführungen fort, als sei nichts geschehen. Nun, es passiert vielen Leuten, daß ihnen mal ein Wort oder ein Name entfällt, auch mir, aber auf meinem Fachgebiet war das bis zu diesem Tag ausgeschlossen, da ich aus Gründen, die ich noch nennen werde, mir keinen solchen Schnitzer leisten konnte. Als ich mich wieder setzte, stand kalter Schweiß auf meiner Stirn.

Von nun an häuften sich die Zwischenfälle. Eines Morgens (ich mußte einen Fragebogen ausfüllen) konnte ich mich partout nicht an das Geburtsjahr meiner Tochter erinnern, die seit dem Ende ihres Studiums in der unteren Etage meines Hauses wohnt. Mußte ich nicht tatsächlich ins Wohnzimmer gehen und die Geburtsurkunde heraussuchen? Sie selbst danach zu fragen, wagte ich nicht. Was hätte sie von mir denken sollen?

Ich verzichtete nun auch auf den Morgenkaffee, verdoppelte meine tägliche Gemüse- und Obstration und nahm als zusätzliche Übung den Yogakopfstand in mein Gymnastikprogramm auf. Nichts half. Eines Tages kam ich von einem Spaziergang zurück, träumte ein wenig vor mich hin, dachte an den letzten Urlaub und an meine Kindheit, als es dicht neben meinem Ohr entsetzlich hupte, Bremsen kreischten, ich schrak auf und erblickte kaum zwei Meter vor mir einen schweren Lastwagen, dessen dicklicher, glatzköpfiger Fahrer kräftige Flüche auf mich niederschleuderte. Ich stand mitten auf der Straße, aber nicht als kreuzungsüberquerender Fußgänger, sondern ich lief parallel zum Fußweg den Fahrzeugen entgegen. Ich hatte keine Ahnung, wie ich dahin gekommen war. Mit eingezogenem Kopf eilte ich zurück, murmelte eine Entschuldigung und grinste verlegen, so daß die Leute um mich herum glauben mußten, ich sei nicht ganz dicht.

Jetzt wurde es gefährlich. Ich mußte etwas unternehmen, so ging es nicht weiter. Das war nicht mehr mit dem Gemeinplatz von der Weltentrücktheit zerstreuter Professoren abzutun, um so mehr, als mir derartiges in früheren Jahren nie unterlaufen war, in Zeiten also, in denen ich noch voll im Berufsleben stand und so viele Dinge gleichzeitig im Kopf haben mußte, daß eine kurzzeitige Geistesabwesenheit durchaus entschuldbar gewesen wäre. Neuerdings fing auch meine Tochter an, mich beunruhigt anzusehen. Offenbar beging ich irgendwelche Fauxpas, die mir selbst nicht auffielen, wohl aber meiner Umgebung.

Meinen Bekannten und meiner Tochter sagte ich nichts, schließlich war ich kein Pflegefall, aber ich ging zu Doktor Kohlberg, unserem langjährigen Hausarzt, den ich seit seinem Medizinstudium in den fünfziger Jahren von gemeinsamen Schachpartien her kenne, und schilderte meine Symptome. Er horchte mich ab, beklopfte mich von oben bis unten und versicherte, ich hätte eine Gesundheit wie ein Nilpferd. Ein solch stabiler Kreislauf in diesem Alter und so weiter. Ich winkte ab, das wußte ich selbst, schließlich trieb ich regelmäßig Sport. Er druckste noch ein wenig herum und verschrieb mir endlich eine Röntgenuntersuchung auf Tumorverdacht. Nur für alle Fälle, versicherte er, selbstverständlich mache ich überhaupt nicht den Eindruck eines Tumorgefährdeten . . .

„Hör zu", schnitt ich ihm das Wort ab, „reden wir

nicht drum herum. Ich bin selbst Wissenschaftler, wenn auch kein Arzt, mir liegt daran, die Wahrheit zu wissen. Dir ist bekannt, daß jeder von uns jederzeit Krebs, Leukämie, Tumoren und andere Geschwüre kriegen kann und daß man es den Betroffenen erst ansieht, wenn es zu spät ist."

„Also laß dich röntgen, danach sehen wir weiter."

„Das genügt mir nicht. Du weißt, wieviel Tumoren übersehen werden, weil sie klein sind oder in einem ungünstigen Beobachtungswinkel liegen. Ich weiß genau, daß du noch von deinem Studium her Verbindungen zur Neurologie in Berlin hast. Die haben dort einen Computertomographen, der macht Querschnittsaufnahmen von jeder Hirnpartie mit Hilfe von Magnetfeldern. Ich will sichergehen. Mir ist bekannt, wie schwer man da einen Termin bekommt. Für einen alten Freund könntest du ausnahmsweise deine Beziehungen spielen lassen."

„Ich werde sehen, was sich machen läßt."

Er hielt Wort. Nach ein paar Wochen erhielt ich eine Karte mit dem Untersuchungstermin. Kohlberg forderte ausdrücklich, daß ich mich von meiner Tochter in die Klinik begleiten ließ. Ein Wunder, daß mir das nicht schon damals seltsam vorkam! Wir fuhren also gemeinsam dorthin, einige Weißkittel umschwirrten uns geschäftig, es war nicht viel anders als in meinem Institut. Sie schnallten mich auf einer Liege fest und schoben mich in die dunkle Röhre. Es werde eine Weile dauern, sei aber ganz ungefährlich. Ich lag im Finstern und spürte nichts

12

von den Magnetfeldern, die mein Gehirn zerschnitten wie eine unsichtbare Mauer. Lieber wäre mir ein deutlicher Schmerz gewesen, um zu spüren, was mit mir geschah, als diese unheimliche Empfindungslosigkeit, dieses Lauern auf eine Alarmglocke, die nicht ertönen wollte. Mein Inneres schwieg.

Kohlberg studierte lange die Aufnahmen mit den regenbogenfarbigen Hirnpartien und meinte, von einem Tumor könne er nichts entdecken. Er schickte mich noch zum Ultraschall und ließ eine Stoffwechselanalyse anfertigen. Zwei Tage später kam Solveig in mein Arbeitszimmer.

„Vater, Kohlberg hat eben angerufen. Der Befund ist negativ. Dir fehlt nichts."

Wäre sie nicht mit so einem ernsten, besorgten Gesicht eingetreten, mag sein, daß ich ihr diese Auskunft sogar abgenommen hätte. So aber fragte ich: „Wieso sagt mir Kohlberg das nicht selbst?"

„Er hat doch Sprechstunde, er hatte wenig Zeit. Du kannst ihn ja am Abend noch mal anrufen."

Der beschwichtigende Ton, in dem mir Kohlberg abends am Telefon klarmachen wollte, daß tatsächlich alles in Ordnung sei, überzeugte mich endgültig, daß hier irgend etwas nicht stimmte. Na, wartet, sagte ich mir, mit mir nicht. Ich bedankte mich bei ihm, zeigte mich beruhigt und verabschiedete ihn mit einer Floskel. Im Bett entwarf ich in Gedanken einen Schlachtplan, an dessen Ausführung ich am nächsten Tag ging.

Der mit Kohlberg befreundete Neurologe hieß

Winkler. Ich rief in der Klinik an und ließ mir die Nummer seiner Abteilung geben. Dort bat ich die Sekretärin, mir Winklers Dienstzeiten zu nennen. Nachmittags um drei, zu einer Zeit, als Winkler freihatte, rief ich erneut an und verlangte den diensthabenden Arzt.

„Hier Doktor Kerling", meldete sich eine tiefe Frauenstimme.

„Rüdiger Barthes am Apparat", antwortete ich.

### 9. September

„Frau Doktor, vor einigen Wochen war mein Vater, Friedrich Barthes, bei Ihnen zur Tomographie. Ich wüßte gern, was dabei herausgekommen ist."

„Warum fragen Sie Ihren Vater nicht selbst?"

„Er wohnt bei meiner Schwester, und meine Beziehungen zu ihr sind leider nicht sehr gut. Sie sind sogar ziemlich miserabel. Ich weiß also nicht, ob ich die Wahrheit erfahren würde. Bitte seien Sie so nett nachzusehen. Mein Vater ist nicht mehr der Jüngste, und diese Sache macht mir große Sorgen."

„Solche Auskünfte gehören eigentlich nicht zu meinen Aufgaben. Gut, ich werde nachsehen. Warten Sie."

Sie legte den Hörer neben den Apparat, und ich hörte, wie sich ihre Schritte entfernten. Das Herz schlug mir bis zum Hals. Was würde ich erfahren?

14

Hoffnung oder mein Todesurteil? Auf jeden Fall Gewißheit.

„Hören Sie. Ihr Vater ist Patient von Doktor Winkler. Ich bin nicht befugt, an seiner Stelle Auskunft zu geben. Am besten, Sie rufen ihn morgen früh an, wenn er Dienst hat."

„Keine Auskunft? Darf der einzige Sohn nicht wissen, was seinem Vater fehlt?"

„Ich sagte schon, sprechen Sie mit Doktor Winkler."

Sie war im Begriff aufzulegen. Jetzt mußte ich aufs Ganze gehen.

„Ich verstehe. Natürlich, Sie haben Ihre Vorschriften. Ich habe auch so verstanden. Wäre das Ergebnis harmlos, könnten Sie es mir bedenkenlos sagen. Ich muß daher annehmen, daß sich der Tumorverdacht bestätigt hat. Wie lange kann er damit noch leben? Wird es eine Operation geben? Oder ist es dafür schon zu spät?"

„Sie sind wirklich hartnäckig." Jetzt hatte ich sie soweit. Sie fühlte sich gezwungen, meine Vermutung zu korrigieren. „Nein, er hat keinen Tumor. Allerdings . . ."

„Sie meinen, er ist völlig gesund?"

„Es ist eine leichte Erweiterung der Hirnfurchen und Hirninnenräume festgestellt worden. Das muß nichts besagen, aber im Zusammenhang mit den Symptomen Ihres Vaters . . ."

Sie zögerte.

„Sagen Sie, was Sie vermuten", drängte ich.

„Er hat die Alzheimersche Krankheit."

Das sagte mir gar nichts.

„Man wird es Ihrem Vater nicht gesagt haben, und auch Sie bitte ich, Stillschweigen zu bewahren . . ."

„Selbstverständlich", versicherte ich.

„. . . wohl aber Ihrer Schwester, denn dieses Leiden ist nicht heilbar. Er kann damit noch viele Jahre leben. Viel hängt von der Zuwendung ab, die er von seiner Umgebung erhält."

„Was kann ich für ihn tun?"

„Versuchen Sie ihn öfter zu sehen. Vertragen Sie sich mit Ihrer Schwester. Und vor allem, lassen Sie es ihn nicht spüren, wenn Sie Zeichen des Persönlichkeitsabbaus bemerken."

„Danke, Frau Doktor."

Ich rieb mir die Hände. Na also, vierzig Jahre Berufserfahrung im Umgang mit anderen Menschen waren nicht umsonst. Das Wichtigste hatte ich erfahren. Der Rest war eine reine Fleißarbeit. Enzyklopädien, Fachartikel, Lexika. Ich mußte herausfinden, was das ist, diese mysteriöse Alzheimersche Krankheit.

Bis zu diesem Zeitpunkt war ich überhaupt nicht beunruhigt. Sicherlich, das Wort „unheilbar" klang bedrohlich, aber die Tatsache, daß ich noch nie davon gehört hatte, erweckte in mir seltsamerweise das Gefühl, es müsse etwas Harmloses sein. Und hatte die Ärztin nicht selbst gesagt, man könne viele Jahre damit leben? Wenn das möglich war, würde ich es schaffen. Ich war es gewohnt, diszipliniert zu leben. Es galt, meine Lebensweise dem neuen Zustand anzupassen, das war alles. Was kein Krebs und kein Tumor war, mußte einfach ungefährlich sein.

*12. September*

„Alzheimersche Krankheit: präsenile Demenz, bedingt durch degenerative Hirnveränderungen unbekannter Ursache", fand ich im Lexikon. Senilität? Ich, bei meiner Lebensweise? Ich mußte Genaueres darüber erfahren und suchte mir einen Fachartikel heraus. Ich las, daß es sich um einen Masseabbau des Gehirns im Alter handelt, daß in der Hirnsubstanz krankhafte Veränderungen stattfinden, Zusammenballungen von Neurofibrillen, Bildung abnormer Strukturen — aber eine sichere Diagnostik der Krankheit ist erst nach dem Tod möglich.

So lange kann ich nicht warten. Weiter: Die Gründe für diesen Hirnabbau sind unbekannt. Auf jeden Fall handelt es sich nicht um Verkalkung. (Beruhigend.) Die Symptome: Vergeßlichkeit, Verlust der Initiative. Später treten Sprach- und Wahrnehmungsstörungen hinzu, motorische Unruhe, Wortfindungsstörungen (was für ein Begriffsungetüm!) sowie vermindertes Kritik- und Urteilsvermögen, bis zum völligen Verlöschen der Persönlichkeit. Das Vernachlässigen von Ernährung und Hygiene zieht völlige Hilflosigkeit und Pflegeabhängigkeit der Betroffenen nach sich. Steht in den USA an vierter Stelle der Todesursachen.

Und bei uns? Aber das ist egal, wichtiger ist, daß ich sofort etwas dagegen unternehmen muß. Gerade erst meine Laufbahn als Institutsdirektor beendet, soll ich in wenigen Jahren auf das Niveau eines vertrottelten Alten herabsinken, der seinen Namen nicht mehr schreiben kann, die Toilette nicht findet, unrasiert und stinkend auf einer Parkbank herumsitzt wie unsere beiden stadtbekannten Alkoholiker, die in der Öffentlichkeit ihre Invalidenrente durch die Kehle jagen? Und dann die mitleidvollen Blicke der Nachbarn, die lustlose Besorgnis meiner Tochter, das Geflüster meiner ehemaligen Mitarbeiter — unmöglich. Dafür habe ich nicht gearbeitet und mir einen Namen gemacht, dafür nicht um mein Ansehen gekämpft. Wenn sie nicht heilbar ist, diese Alzheimersche Krankheit (traurig genug), dann werde ich eben gegen die Symptome kämpfen. Womit geht es los? Vergeßlichkeit, Verlust der Initiative. Schön. Wenn man sein Gedächtnis verliert, muß man sich einen Ersatz schaffen. Also aufschreiben, worauf mein Ich beruht, das Wissen, die individuellen Erfahrungen meines Lebens, alles, was meine Persönlichkeit ausmacht, dem Papier anvertrauen. Die Hirnzellen können sterben, meine Notizen nicht.

Gegen den Verlust der Initiative muß ein festes Tagesprogramm helfen, das so sehr zur Gewohnheit wird, daß es nicht mehr vergessen werden kann. Es muß sich im Unterbewußten festsetzen. Sicherheitshalber werde ich es noch aufschreiben, so daß ich jederzeit nachsehen kann. Sollte es mir auf diese Weise gelingen, die Anfangssymptome aufzuhalten, kann ich die Krankheit womöglich zum Stillstand bringen.

Eines Tages muß ich sterben wie alle. Aber dann will ich nicht dahindämmern wie eine welke Pflanze, ich will im Vollbesitz meiner Kräfte sein bis zuletzt. Kohlberg und Solveig werden sich wundern. Mir die Wahrheit verschweigen und stumm und passiv zusehen, wie ich mein Menschsein verliere? Daraus wird nichts. Ich habe zu viele kostbare Erinnerungen, die ich nicht mit dem Zerfall von Hirnplasma einfach verschwinden lassen kann. Hier ist mein Tagebuch, mein Ersatzgedächtnis, mein zweites und wirkliches Ich, vielleicht bald wirklicher als das, das in meinem Körper steckt. Der Kampf kann beginnen.

# II

Warum mußte ich plötzlich an meine Mutter denken? Sie starb, als ich sechs Jahre war. Meine persönlichen Erinnerungen sind verblaßt. In meinem Gedächtnis verblieb vielmehr das dunkle Photo über dem schwarzen Vertiko, von dem sie mich mit strengem Blick zu mustern schien, sooft ich meine Augen zu ihr aufhob. Ewig, zeitlos, ein niemals alterndes Antlitz, eine junge Frau im unvergänglichen Alter von fünfundzwanzig Jahren. Nichts deutete auf die schwere Lungenentzündung hin, an deren Folgen sie bald darauf sterben sollte.

Das Andenken der unbekannten Mutter war der Gegenstand ständiger Mahnung des allein gebliebenen Vaters gegenüber dem heranwachsenden Gymnasiasten. Erweise dich ihrer würdig, ihr bist du schuldig, es zu etwas zu bringen, Arzt, Rechtsanwalt, höherer Beamter mit Pensionsanspruch, unkündbares Mitglied der geistigen Elite eines deutschen Reiches, das nur allzubald in den Trümmern des eigenen Größenwahns vergehen sollte. Der Appell an das Pflichtbewußtsein tat seine Wirkung, seine Berechtigung wurde nie in Frage gestellt. Um so verheerender der Zusammenbruch falscher Ideale im Jahre fünfundvierzig, das fassungslose Niedersinken vor dem Nichts, der späte Beginn längst überfälligen Nachdenkens, vielleicht erst die wirkliche Geburt.

Woher also die Rückkehr der Vorzeit? Es existieren keine Zeugen mehr, weder Eltern noch Geschwister, auch andere Verwandte oder Bekannte fehlen. Auf diese Teile des Gedächtnisses würde ich herzlich gern verzichten, aber leider beginnt die Erosion des Gehirns mit dem Heute, und die Anfänge bleiben bis zuletzt.

Ich konzentriere mich daher auf die Zeit nach Kriegsende. Vorher unterschied sich mein Schicksal ohnehin kaum von dem der meisten anderen meines Alters. Abiturient, Studium, die beginnende akademische Laufbahn jäh unterbrochen durch die Einberufung, die besten Jahre einem Regime geopfert, von dessen schlimmsten Verbrechen wir erst sehr viel später erfuhren.

Meine Geschichte begann im Juni fünfundvierzig, als ich, glücklich der drohenden Kriegsgefangenschaft entronnen, im zerstörten Berlin ankam, Friedrich Barthes, Doktor der biologischen Wissenschaften, durch meinen einflußreichen Onkel lange Zeit dem Kriegsdienst entzogen, im Sommer vierundvierzig doch noch einberufen, nachdem ich vorzeitig die Doktorprüfung abgelegt und damit Grundlagen für eine akademische Karriere geschaffen hatte, auf die schon ein Jahr später nicht mehr zu hoffen war.

Verdammt, bin ich denn von allen guten Geistern verlassen? Fange ich an, mich in meinem Tagebuch selbst zu belügen, das doch dazu dienen soll, mir meine Vergangenheit zu erhalten? Selbstverständlich heiße ich nicht Friedrich Barthes und habe auch nie eine Doktorprüfung abgelegt. Mitten aus meinem Medizinstudium hat man mich herausgerissen, und zwar schon 1943. Ich kam gerade bis zum vierten Semester. Ich heiße Hans-Dieter Konradt, bin ein Jahr jünger, als es in den Papieren von Barthes steht, und kam nach Berlin, um meinen Vater zu suchen. Ich fand weder ihn noch unsere Nachbarn. Das ganze Viertel völlig zerstört, kaum ein Stein, der noch auf dem anderen lag. Ich fand keinen meiner früheren Bekannten wieder, ich war völlig allein.

In meiner Tasche befanden sich die Papiere zweier Personen, die Barthes und Konradt hießen. Ich machte mir nicht sofort klar, daß niemand wissen konnte, welches davon meine waren. Den Ausweis von Barthes trug ich nur deshalb mit mir herum, weil ich ihn nicht losgeworden war. Friedrich kam im August vierundvierzig an die Westfront, einer der Ältesten im letzten Aufgebot der Wehrmacht. Seit Wochen befanden wir uns auf dem Rückzug. Er war Doktor der Biologie, ich angehender Mediziner — kein Wunder, daß wir uns rasch anfreundeten. Er war mir an Fachwissen überlegen, doch hier, an der zusammenbrechenden Front, hatte ich ihm die Erfahrung von vierzehn Monaten Hölle voraus. Ich erkannte die verschiedenen Geschosse am Geräusch, wußte, wann man sich hinwerfen mußte und wann nicht, verfügte über ein Repertoire an Überlebenstechniken, das in einer Atmosphäre der Angst und des Leidens erworben worden war. Ernst Jüngers Legenden von der Erhabenheit des Stahlgewitters, die verlogenen Bilder nationalsozialistischer Wochenschauen nutzten an der Front niemandem. Die neuen Rekruten, viel zu jung und schlecht ausgebildet, hatten der Überlegenheit der Amerikaner nichts entgegenzusetzen.

Beim Überschreiten des Rheins traf Friedrich ein Granatsplitter in den Bauch. Er lebte fast noch eine Stunde unter quälenden Schmerzen. Er bat mich, Briefe, Photos und seine Papiere mitzunehmen und seinen Eltern zu übergeben. Zu jener Zeit war der bürokratische Apparat, der die Gefallenen zu erfassen und Todesmeldungen an die Angehörigen weiterzuleiten hatte, längst nicht mehr funktionstüchtig. Sollten die Eltern eine sichere Nachricht vom Verbleib ihres Sohnes erhalten, war es besser, einen Kameraden zu beauftragen. An die Möglichkeit, daß jeden von uns im nächsten Moment das gleiche Schicksal ereilen konnte, dachten wir kaum. Wo Sekunden über Leben und Tod entscheiden, herrscht die reine Gegenwart. Gestern und Morgen verblassen zu Schemen, über die nachzudenken niemand Muße hat. Die Jahre am Gymnasium erschienen wie der Traum von einer unerreichbaren heilen Welt. Die Zukunft war völlig ungewiß. Wohl gab es viel Gerede von der Wunderwaffe, die im letzten Moment das Blatt noch wenden würde, aber wenn man innerhalb einer Minute sterben konnte, war es wichtiger, sich um eine sichere Deckung für die nächste Viertelstunde zu sorgen.

Ich überlebte. Man könnte es ein Wunder nennen, was letztlich nur ein Zufall war. Genausogut hätte meine Leiche am Rhein liegen und Barthes meine Papiere nach Hause tragen können. Glücklicherweise war es umgekehrt.

*17. September*

Das Regiment existierte nicht mehr. Einige übriggebliebene Haufen zerstreuten sich in alle Winde. Dennoch mußten wir vorsichtig sein. Nicht selten stand man plötzlich einem fanatischen SS-Offizier gegenüber, der die heimkehrenden Soldaten mit vorgehaltener Waffe zwingen wollte, einem „Volkssturm" beizutreten. In den Wäldern organisierten sich verwirrte Halbwüchsige zu Werwolfgruppen. Ich wanderte mit zwei Kameraden ostwärts. Tagsüber schliefen wir in Scheunen oder im Walddikkicht, abwechselnd Wache haltend. Nachts marschierten wir, große Städte und wichtige Straßen sorgfältig meidend. Nahrung holten wir uns nachts

24

von den Bauernhöfen. Das ging nicht immer ohne Gewalt ab. Die Leute waren mißtrauisch und hatten sich in ihren Häusern verschanzt. Manchmal schossen sie sogar auf uns.

Ich erreichte Halberstadt im April. Meine Begleiter hatten sich schon in Goslar von mir getrennt. Ich war allein. Die Stadt war mir fremd, aber sie wäre auch für einen Einheimischen nicht mehr zu erkennen gewesen. Sie war zu achtzig Prozent zerstört. Eine Landschaft von Kratern und Trümmern. Leichengeruch lag in der Luft. Hier und da sah ich verängstigte Gestalten vorbeihuschen, Gesichter, geprägt von Mißtrauen und Verzweiflung. Ich hatte die Spiegelstraße bald gefunden. Aber von dem Haus der Barthesfamilie keine Spur. Meine Fragen nach dem Verbleib der Bewohner beantworteten die Leute mit einem Achselzucken. Hier konnte ich nichts mehr ausrichten. Der Krieg hatte die alte Stadt, einst berühmter Bischofssitz, fast vollständig vernichtet. Warum diese sinnlose Zerstörung? Noch wußte ich nichts von den Greueltaten meiner Landsleute in Frankreich, Polen, der Sowjetunion, noch war mein Denken mit Begriffen von deutscher Ehre und Treue besetzt. Ich wußte nichts von der unterirdischen Fabrik der Junkers-Flugzeugwerke, in denen Zwangsarbeiter aus einem nahe gelegenen Konzentrationslager für den vermeintlichen Endsieg schuften mußten. Ich empfand nichts als Trauer und Ratlosigkeit.

Da ich die letzte Bitte meines gefallenen Freundes

nicht erfüllen konnte, ließ ich Halberstadt hinter mir und marschierte Richtung Berlin. Nach Hause, das war mein einziger Gedanke. Wieder bewegte ich mich nur des Nachts vorwärts und wählte abgelegene Wege. Ich bemerkte nichts von Truppenbewegungen und zusammenbrechenden Frontlinien. Einmal sah ich von weitem einen Trupp müder, ausgemergelter Gestalten, von einigen SS-Leuten westwärts getrieben. Sie hatten nichts Menschliches mehr an sich. So etwas hatte ich noch nie gesehen. Erst viel später, als die ersten Bilder aus den Lagern unter die Bevölkerung kamen, begriff ich, was da geschehen war. Natürlich wußte ich, daß es Lager gab, wußte, daß dort Juden, Kommunisten und Kriegsgefangene eingesperrt wurden. Aber man vermied, davon zu reden, wie von einer moralisch anrüchigen Sache. Das waren Dinge, die uns nichts angingen.

Da ich sehr vorsichtig war, kam ich nur langsam vorwärts. Berlin erreichte ich erst Ende Mai. Vom Kriegsende hatte ich aus aufgeschnappten Gesprächen erfahren. Deutschlands Niederlage war total. Ich sah zum erstenmal russische Soldaten und war erstaunt, daß sie in nichts dem Schreckensbild entsprachen, das uns bisher aus Zeitungen und von Plakaten entgegentrat. Statt dessen schauten junge Kerle mit glattrasierten Schädeln auf uns herab, offenbar fassungslos über dieses deutsche Volk, das so verrückt gewesen war, die ganze Welt erobern zu wollen, und dessen Mythos im Laufe weniger Jahre zerbrach. Übrig blieb ein Häuflein hungernder, schlechtgekleideter Gestalten. Verrückte, Verführte, Fanatiker? Sicherlich von allem etwas.

### 18. September

Ich bin beunruhigt. Zweimal in der Woche gehe ich hinaus, um durch den kleinen Wald hinter unserem Haus zu joggen, jedesmal eine halbe Stunde lang. So steht es in meinem Plan, den ich mir zusammen mit meinem Tagebuch anlegte, um keine meiner üblichen Aktivitäten zu vergessen. Heute wäre ein weiterer Lauf fällig gewesen, und ich hätte schwören können, daß ich mich wie immer vor dem Mittagessen umgezogen, meine Runde an frischer Luft absolviert und anschließend ausgiebig geduscht hätte. Doch vorhin ging ich über den Hof und stellte fest, daß mein Trainingsanzug nicht auf der Leine hing, wo er hingehört, um von Schweiß und Körpergeruch auszulüften. Er lag im Schrank und war offensichtlich unbenutzt. Mein Gott, sollte ich den Vormittag sinnlos verträumt haben? Ich erinnere mich noch, daß ich heute früh die Post und zwei Fachartikel las. Und dann? Zuerst war ich der felsenfesten Überzeugung, zum Sport hinuntergegangen zu sein. Doch jetzt bin ich unsicher. Ich müßte Solveig fragen, aber sie würde vielleicht lügen, nur um mich zu beruhigen. Und dann wäre ich für sie endgültig senil.

Ich darf mich nicht so gehenlassen. Eine lücken-lose Selbstkontrolle ist nötig. Jede Kleinigkeit ist wichtig, vom Zähneputzen bis zur Fachlektüre, kein Detail darf ich vergessen. Wehret den Anfängen, dieser Spruch (ist er nicht von Brecht?) trifft für mich ganz persönlich zu. Meine Aufzeichnungen sind dafür das geeignete Mittel. In ihnen steht alles schwarz auf weiß, ich brauche nur die letzten Seiten zu überblicken, schon stellt sich in meinem Innern die Chronologie der Ereignisse wieder her.

Bevor ich Berlin betrat, in jenem ersten Nachkriegssommer, entledigte ich mich der Uni-form. Ich trug einen fleckigen Anzug, den ich auf einem verlassenen Grundstück gefunden hatte. Er war mir entschieden zu groß, aber in jenen Tagen achtete niemand auf Eleganz. In der Stadt wechselte das Bild zwischen niedergebrannten Straßenzügen und fast vollständig erhaltenen Stadtvierteln. Doch überall kündeten zerschlagene Fensterscheiben und Einschüsse an den Mauern von heftigen Kämpfen. Meinen Vater suchte ich vergebens. In unserer Straße stand kein einziges Haus mehr. Ich erblickte Flüchtlingstrecks, zerlumpte Kinder, die in den Schutthaufen wühlten, und immer wieder russische Soldaten, aber kein einziges vertrautes Gesicht. Nie-mand wußte, ob die einstigen Bewohner unter den Trümmern verschüttet oder durch rechtzeitige Flucht entkommen waren.

In diesem Moment muß ich begriffen haben, daß ich vor dem Nichts stand. Mit meiner Vergangenheit verbanden mich nur die Erinnerungen. Ich war gezwungen, neu anzufangen. Wie vielen Heimkehrern mag es ebenso gegangen sein! Dennoch hatte ich es leichter als manch anderer. Ich war jung, gesund, hatte keine dringenden Verpflichtungen, und die Niederlage der Nazis stürzte mich in keine Identitätskrise. In den konservativ-bürgerlichen Kreisen, aus denen ich stammte, stand man den fanatischen Hetzreden Hitlers, der von seinen Anhängern entfachten Massenhysterie ohnehin skeptisch gegenüber. Die Parolen von Blut und Ehre, von Ariertum und Führerkult geisterten auch durch mein Gehirn, doch die Skepsis meines Vaters bewahrte mich von vornherein vor blinder Gläubigkeit. Die deutsche Niederlage kam für mich nicht so überraschend wie für die meisten meiner Kameraden. Als Erlösung, als Ende eines Alptraums empfand ich sie erst viel später, aber ich war von Anfang an bereit, sie als verdientes Schicksal zu akzeptieren und mich den neuen Realitäten zu stellen.

*19. September*

Was mit mir geschah, ist schon hundertmal formuliert worden. Mißbrauchter Enthusiasmus und verlorene Jugendjahre, die verallgemeinerte Erfahrung meiner Generation. Natürlich in Abweichungen, in Nuancen, die durch das persönliche Schicksal bestimmt sind. Im Jahre fünfundvierzig fielen Entscheidungen, die den weiteren Lebensweg auf Jahrzehnte hinaus festlegten, Weichenstellungen, deren Tragweite in diesem Augenblick noch gar nicht zu erkennen war.

Als ich mich auf der sowjetischen Kommandantur meldete, hatte ich überhaupt noch keinen festen Plan. Es ging mir nur um das Nächstliegende: meine Flucht definitiv zu beenden, das Anrecht auf Nahrung, eine Arbeit, ein Dach über dem Kopf zu erwerben, wohl wissend, daß diese Ansprüche nur unvollkommen erfüllt werden konnten. Ich staune heute, mit welcher Naivität ich dort aufkreuzte, wie politisch unwissend ich war. Immerhin kam ich aus dem Krieg zurück, ich hatte geschossen, vielleicht auch getötet, dennoch dachte ich an keine Form der Verantwortlichkeit. Man hätte mich in Kriegsgefangenschaft stecken, zu Zwangsarbeit verurteilen, ja sogar auf dem nächst gelegenen Hof erschießen können. Keine dieser Möglichkeiten zog ich in Erwägung. Ich war völlig im preußischen Ehrenkodex gefangen, jenem Denkstil, den ich zu Hause von Kindheit an erlebte, der mir unmerklich in Fleisch und Blut übergegangen war, so daß ich mit ihm verwachsen bin, seit ich denken kann. Daher waren meine Überlegungen sehr einfach. Du hast stets deine Pflicht erfüllt, hast dich im Krieg vorschriftsmäßig verhalten, bist nach Hause gekommen und meldest dich nun bei der zuständigen Stelle, um wiederum vorschriftsmäßig den dir zugewiesenen

Platz unter dem Befehl der neuen Machthaber einzunehmen.

Es dauerte viele Monate, ehe ich begriff, wieviel Glück ich in Wahrheit gehabt hatte. Immerhin gehörte ich bis vor kurzem einer Armee an, deren Soldaten und Offiziere auf russischem Boden Verbrechen begangen hatten, die ich vorher nicht einmal für denkbar gehalten hätte. Ich war nur ein einfacher Gefreiter gewesen, kein Mitglied der Nazipartei, aber dies allein wusch mich nicht von möglicher Schuld rein.

Stand mir die Arglosigkeit im Gesicht geschrieben? Hatte der Offizier in der Kommandantur einen guten Tag, oder war er überhaupt sehr wohlwollend von Natur aus? Das mag alles eine Rolle gespielt haben, ausschlaggebend war jedoch ein Zufall, ein Irrtum, ein Fehlgriff meinerseits, denn auf den Befehl, meine Papiere herzugeben, vorgetragen in barschem Ton und gebrochenem, kaum verständlichem Deutsch, griff ich versehentlich nicht nach meinem eigenen Ausweis, sondern dem von Friedrich Barthes. Ich bemerkte den Fehler zu spät, um ihn ungeschehen zu machen. Der Offizier hatte mir den Ausweis entrissen und blätterte darin.

Selbstverständlich hätte ich in diesem Augenblick noch alles richtigstellen können. Ich brauchte nur zu erzählen, woher ich den zweiten Ausweis hatte, welches meine wirkliche Identität war, wie es um die Erfüllung des letzten Wunsches meines gefallenen Freundes stand – aber ich zögerte. Würde dies nicht den Offizier mißtrauisch machen, müßte er nicht einen raffiniert geplanten Betrug dahinter vermuten, würde er meine Erklärungen überhaupt verstehen? Er sprach nur gebrochen Deutsch, und ich verstand kein Wort Russisch. Erst in diesem Moment tauchte vor meinem geistigen Auge das Standgericht auf, ich erinnerte mich an Belehrungen, daß der Besitz mehrerer Ausweise ein sicheres Zeichen für eingeschleuste Agenten sei. Ich schwieg daher und wunderte mich nicht einmal, daß der Offizier das Lichtbild Friedrich Barthes' als meins akzeptierte.

Beim Blick auf den Namen hielt er mit dem Blättern inne und fragte überrascht: „Sie sind Doktor?"

Ich nickte zögernd. Nun konnte ich nicht mehr zurück.

„Welche Profession?"

Ich wunderte mich über den gehobenen Ausdruck, ohne zu ahnen, daß es lediglich die direkte Übersetzung des russischen Wortes für „Beruf" war.

„Biologie."

„Einen Moment."

Der Offizier gab einem Soldaten eine Anweisung. Dieser verschwand eilig und kehrte nach wenigen Sekunden mit einem alten Herrn in gepflegtem, wenn auch abgenutztem Anzug und tadellos gebundener Krawatte zurück.

„Krüger, ehemals Gymnasiallehrer, jetzt Dolmetscher", stellte er sich vor.

Meine Aufzeichnungen nehmen rasch Gestalt an. Ich muß mich beeilen, zur Gegenwart zu kommen, bevor sich die ersten Gedächtnislücken zeigen. Einmal in der Woche, wenn ich in das Institut gehe, längst nicht mehr als Direktor, sondern als harmloser Gast, als noch lebendes Souvenir der Anfangsjahre, suche ich auf den Gesichtern der Kollegen nach Zeichen der Veränderung. Bemerken sie Fehler bei mir, Erinnerungslücken, absonderliche Verhaltensweisen? Wenn ich zur Diskussion aufstehe, fehlt mir die Sicherheit der früheren Jahre. Ich blicke um mich, bettele mit Blicken bei jedem Satz um Zustimmung, ich suche das beifällige Nicken der Zuhörer, ohne das ich nicht weitersprechen kann. Flüstern sie hinter meinem Rücken? Oder bilde ich mir alles nur ein, werde ich zum Hypochonder? Ich will es nicht zugeben, aber ich habe Angst.

Nur an meinem Schreibtisch fühle ich mich sicher. Die Geschichte meines Lebens ist mein Ich. Ich schreibe, also bin ich. I write, so I am. J'écris donc je suis. Die Sprachkenntnisse sind intakt. Was früher selbstverständlich war, muß ich mir nun ständig beweisen: daß ich Herr meiner Sinne und meiner Gedanken bin. Seit ich von dieser Krankheit weiß, lauert die Angst, das Leben nicht mehr bewältigen zu können.

Ähnliches empfand ich am Anfang, damals, als

der Gymnasialprofessor mir die Worte des sowjetischen Offiziers übersetzte. „Sie kommen wie gerufen. In dieser Stadt gibt es viele Krankheiten. Es herrscht Seuchengefahr. Uns fehlen Medikamente. In vielen Fällen werden wir zu Ersatzmitteln greifen müssen. Wir haben einige Ärzte, zu wenige natürlich. Sie können ohne Medikamente nicht viel ausrichten. Andererseits existieren einige Bestände, die unsere Truppen gefunden haben. Es ist nicht immer klar, worum es sich handelt. Da fehlen Beschriftungen und Indikationen. Wir haben daher beschlossen, ein kleines Labor einzurichten, um dort im Tierversuch Stoffe zu testen. Wir wollen auch Möglichkeiten finden, Ersatz herzustellen für fehlende Arzneien. Man kann nicht immer Empfehlungen aus Moskau abwarten. Manchmal müssen wir sofort handeln."

„Aber ich verstehe nichts von Chemie, ich kenne keine Medikamente."

„Sie sind promovierter Biologe. Folglich können Sie Tierversuche durchführen. An Ratten ist kein Mangel. Ich gebe Anordnung, daß man Ihnen so viele fängt, wie Sie brauchen. Sie erhalten Gläser, Lösungsmittel, Chemikalien, Versuchstiere. Sie überprüfen unsere Stoffe auf ihre Auswirkungen. Wogegen sie nützen, wogegen nicht. Sie können vielen Menschen damit helfen. Ich werde dafür sorgen, daß Sie bald Verstärkung bekommen, an Apothekern wie an Chemikern. Fangen Sie erst einmal an."

Jetzt wäre es höchste Zeit gewesen, ihm zu gestehen, daß jeder seiner Ärzte für diese Aufgabe besser geeignet gewesen wäre als ich. Aber ich war zu feige. Ich war jung und wollte leben. Und wenn ich vorsichtig zu Werke ging, vielleicht konnte ich mich irgendwie aus der Affäre ziehen.

„Sie erhalten ein Zimmer neben Ihrem Labor. Außerdem erhalten Sie den zweithöchsten Verpflegungssatz . . ." Der Dolmetscher fügte von sich aus hinzu, daß dies ein seltenes Privileg sei und es außerdem die Möglichkeit gäbe, das eine oder andere aus Armeebeständen zu erhalten. Illusionen sollte ich mir freilich keine machen, die Sowjetsoldaten hätten oftmals auch nicht mehr als die deutsche Bevölkerung, dank der Zerstörungswut der Deutschen beim Rückzug aus der russischen Steppe.

Man fragte noch nach meinen Wünschen. Ich bat um Fachliteratur, denn ich erkannte sofort, daß meine einzige Chance darin bestand, das fehlende Wissen innerhalb kürzester Frist zu erwerben, um mir keine Blöße zu geben. Der Dolmetscher machte eine geringschätzige Handbewegung. „Nichts ist einfacher zu beschaffen als Bücher. Wer braucht heutzutage Literatur? Papier kann man nicht essen. Für ein Stück Butter können Sie ganze Bibliotheken erwerben. Ich kenne einige Keller und Dachböden, wo Sie das Gewünschte finden werden."

Die Bücher, die ich damals einsammelte und in mein Zimmer schleppte, müssen zum größten Teil noch dasein. Der Tier- und Pflanzen-Schmeil, ein Lehrbuch der Arzneimittelkunde, ein Praktikum der Tierversuche, eine Kampfschrift gegen Vivisektion — aber ich finde sie nicht. Ich habe den halben Vormittag in meinen Regalen gesucht. Nun gut, sechstausend Bücher sind nicht leicht zu überblicken, aber ich habe ein gutes Ordnungssystem entwickelt, mit dessen Hilfe ich mich in der Regel leicht zurechtfinde. Aber in diesem Fall war die Suche vergeblich. Ob ich diese Bücher irgendwann verschenkt habe? Oder stehen sie im Institut irgendwo an vergessener Stelle? Warum kann ich mich nicht erinnern? Ich habe sie jahrelang benutzt, aus ihnen habe ich geschöpft, solange ich mich noch nicht völlig in die Verwaltungsarbeit zurückgezogen hatte.

Meine Hilflosigkeit war damals schlimm genug. Ich wurde in einen mittelgroßen Raum geschoben, der, abgesehen von Spinnweben und Geschoßhülsen, immerhin einige halbwegs brauchbare Regale und sogar noch einige Gerätschaften enthielt, die ich aus den weit zurückliegenden Medizinsemestern kannte: Bunsenbrenner, Pipetten, Reagenzgläser. Ich mußte mir das Brauchbare aus Trümmern und Abfällen heraussuchen. Die Frage nach der Herkunft dieser Dinge war leicht zu beantworten, man hatte mir den Chemieraum einer ehemaligen Schule zugewiesen. Kurz darauf erschienen einige Soldaten mit schrägen Augen und gelber Haut, Kalmücken, wie ich später erfuhr. Sie brachten drei Käfige mit Ratten. Nicht etwa jene possierlichen weißen Tierchen, die man in der ganzen Welt über Latten, Gestänge oder durch Labyrinthe laufen läßt, um Lerngesetze zu erforschen, sondern Angehörige der gefürchteten grauen, unterirdisch lebenden Spezies, die in den Kloaken der Großstädte zu Hause sind und nur dann in Massen ans Tageslicht treten, wenn der Mensch durch Seuchen oder Kriege aus dem normalen Lebensrhythmus herausfällt. Man war so zartfühlend, relativ kleine und junge Exemplare einzufangen, dennoch drehte sich mir bei ihrem Anblick der Magen um.

Noch schlimmer stand es um das Futter. Nein, ich werde diese Einzelheiten nicht niederschreiben, es gibt Dinge, deren Entschwinden für das Gedächtnis eher ein Gewinn als ein Verlust ist. Es genügt, zu erwähnen, daß in jener Zeit selbst die Mülltonnen leer waren und deshalb die Nahrung dieser Tiere . . . Schluß damit.

Nun hatte ich meine Tiere, die Lieferungen aus den Wehrmachtsbeständen ließen nicht lange auf sich warten. Ich wies verzweifelt darauf hin, daß ohne ein großes chemisches Labor, welches Lackmuspapier, verschiedene Lösungsmittel und ein ganzes Register an Säuren, Basen, Alkoholen, Salzen und so weiter enthielt, meine Bemühungen sinnlos wären. „Ich weiß", sagte der Offizier. „Aber wir haben kein Labor. Ihr Deutschen habt alles kaputtgemacht. Also werdet ihr forschen ohne Chemie."

Dieser zwingenden Logik hatte ich nichts entgegenzusetzen. Ich öffnete Kartons und Säcke aufs Geratewohl. Einige Substanzen konnte ich als Waschmittel und Mottenpulver identifizieren, aber das war eine Ausnahme. Ich bat mir einige Tage Ruhe aus. In dieser Zeit verzichtete ich auf jede Experimentiererei und vertiefte mich statt dessen in die Lektüre der Fachbücher. Was aber nutzte es, zu wissen, daß Baldrian die Basis von Schlafmitteln und Salizylsäure ein wichtiges Schmerzmittel ist? Finden mußte ich sie, erkennen unter einer Reihe von Pulvern, Tabletten und Flüssigkeiten. Für den Offizier war die Sache einfach: Man gebe dem Biologen ein Labor, alles übrige ist seine Sache. Schließlich ist er ein Fachmann. Also fing ich an, Proben der einzelnen Stoffe an die Ratten zu verfüttern. Wenn sie das Zeug vertrugen, konnte ich zumindest schlußfolgern, daß es wohl auch für Menschen ungefährlich sei. Ob es allerdings gegen Kopfschmerzen, Rheuma oder Mandelentzündung hilft, konnte ich die Ratten nicht fragen. Starb eins der Tiere, konnte es genausogut am Futter liegen.

Ist es nicht seltsam, daß ich heute darum kämpfen muß, eine Identität zu hinterfragen, an die ich mich damals nur mit Mühe gewöhnen konnte? Es war nicht genug, noch am selben Tag die Konradt-Papiere zu verbrennen und die Asche durch die Schultoilette zu spülen. Immer wieder drehte ich mich um, wenn nach einem Hans gerufen wurde. Rief man mich Friedrich oder Barthes, dauerte es eine Weile, bis ich merkte, daß ich gemeint war. Schlimm wurde es bei den Unterschriften. Jede Marke, jeder Geldschein, jedes geliehene Buch mußte quittiert werden. Beim erstenmal paßte ich auf, doch schon beim zweitenmal floß mir versehentlich ein „H. Konradt" aus der Feder. Glücklicherweise handelte es sich nur um die Ausgabe von Scheuerlappen aus dem Armeemagazin, und der Verwalter kannte keinen der Empfänger persönlich. Von da an legte ich mir eine unleserliche Signatur zu. Ich zog eine schwungvolle Linie nach oben, umschloß sie mit einem Kreis, ließ diesen auf die Basis zurückfallen und riß die Feder schließlich in einer leichten Kurve nach rechts, so daß nichts weiter zu erkennen war, als daß einem beliebigen Großbuchstaben eine unbestimmte Zahl kleinerer folgen mußte. So unterzeichne ich meine Post noch heute.

Manchmal habe ich tagelang keine Lust, meine Aufzeichnungen fortzusetzen. Dann sitze ich am Schreibtisch und starre vor mich hin. Woher diese Apathie, diese Frage nach dem Sinn des Ganzen? Was nützt der Kampf gegen das Altern, wen interessieren schon diese alten Geschichten? Mein Nachfolger am Institut ist tüchtig. Er hat es durchgesetzt, daß alle Ressourcen auf die Gentechnik konzentriert werden. Die Abteilungen werden demnächst umstrukturiert. An mich erinnert noch ein Photo im Flur. Dem ruhmreichen Gründer . . . Mag sein, man wird das Institut sogar nach mir benennen, wenn ich nicht mehr bin. Bis jetzt heißt es nur „Institut für Hygiene und organische Chemie", ein Dutzendname. Man wird einen Doktoranden beauftragen, meine wissenschaftliche Biographie zu schreiben. Und wenn vom Institut „Friedrich Barthes" die Rede ist, weiß niemand, daß er einer Fiktion aufgesessen ist. Barthes ist schon seit über vierzig Jahren tot, länger, als das Institut besteht. Friedrich, wenn du wüßtest! Während deine Knochen mit tausend anderen in einem Massengrab verkamen, breitete sich dein Name in der Fachwelt aus, gelangtest du zu spätem Ruhm. Ist es nicht erstaunlich, wie einfach es war, deine Stelle einzunehmen? Unsere beiden Familien waren verschwunden, kein vergessener Cousin tauchte auf, um in mir Hans-Dieter Konradt zu erkennen. Außer . . ., aber das war später. Konradt blieb Barthes und machte an dessen Stelle Karriere.

Vielleicht kam ich deshalb so gut zurecht. Von Anfang an nahm ich die ganze Angelegenheit nicht ernst. Ich war nicht ich, war nicht Doktor, war kein Biologe. Es war nur ein Spiel mit dem Ziel zu überleben. Und ich spielte gut. Ich suchte mir einen alten Apotheker, der nicht mehr praktizierte. Der Gymnasiallehrer half mir, ihn zu finden. Er hieß Rosenfeld, hatte den Krieg wie durch ein Wunder überlebt, war fast achtzig Jahre alt und noch sehr beweglich. Keine Spur von Senilität. „Wie erkenne ich die Arzneimittel?" fragte ich ihn.

„Am Geschmack", lautete seine Antwort.

Ich lernte eine neue Welt entdecken, die Welt der Gerüche und Geschmacksnuancen. Wenn ein Stoff als Medikament Verwendung findet, kann er nicht so hochgiftig sein, daß man nicht davon kosten könnte. Denn die Patienten sollen geheilt werden, nicht etwa daran sterben. Alles kann ein Heilmittel sein, es kommt nur auf die Konzentration und auf die Menge an. Glaubte ich bisher, es gäbe nur die vier Geschmacksrichtungen süß, sauer, bitter und salzig, so wurde ich nun eines Besseren belehrt. Bitterkeit kann sehr verschieden schmecken, je nach dem Aroma, das ich über die Nase wahrnehme, und nach der Verfälschung durch Spuren des Süßen, Salzigen und Sauren. Aber auch der Tastsinn ist beteiligt. Der alte Rosenfeld lehrte mich, die unterschiedliche Porösität, Körnigkeit und Löslichkeit fester Stoffe zu erfühlen. Auch das Auge erkennt mit. Wie wichtig sind kleinste Farbnuancen, um die Flüssigkeiten sicher voneinander zu unterscheiden! Über einhundertfünfzig Farbtöne muß der Kenner auseinanderhalten. Hatte ich bisher Mühe, Violett und Lila als verschieden zu erkennen, verwechselte ich Rosa mit Orange, so erhielten die Farben von nun an mannigfaltige Abstufungen und feinste Übergänge, deren sichere Differenzierung auch bei ungewöhnlichen Lichtverhältnissen nicht verlorengehen durfte.

### 14. November

Soviel Theater um einen Schlüssel! Ich bin mir ganz sicher, keinen Schlüssel mitgenommen zu haben. Solveig war zu Hause, und wegen einer halben Stunde an der frischen Luft lohnte es nicht, eine Tasche mitzunehmen. Als sie auf mein Klingeln öffnete und fragte, wo mein Schlüssel sei, habe ich ihr gleich gesagt, daß er noch im Flur hängen müsse. Sie glaubte mir kein Wort. Dahin ist es schon gekommen. Man zieht Kinder auf, und wenn sie groß sind, verlieren sie die Achtung, ja, sie tun so, als wäre man nun selbst das Kind geworden. Aber soweit sind wir noch nicht. Ich habe meine Gedanken noch gut beieinander.

Komischerweise war der Schlüssel wirklich nicht

da. Nicht im Flur, nicht auf meinem Schreibtisch. Sicher hat ihn Solveig in einer ihrer vielen Einkaufstaschen gelassen, ihr Ordnungssinn war noch nie sehr ausgeprägt. Er wird sich finden. Außerdem haben wir vor Jahren genügend Duplikate anfertigen lassen.

Mehr Sorgen macht mir der Streit um die Zeit. Solveig glaubt, ich hätte den Schlüssel im Park liegenlassen. Vergeblich versuchte ich ihr zu erklären, daß ich bei einem halbstündigen Spaziergang gar nicht bis zum Park gekommen sein kann. Sie sagte, ich wäre zwei Stunden fort gewesen. Das ist wahrlich ein starkes Stück! Schließlich saß ich nach dem Frühstück über eine Stunde am Schreibtisch, um meine Fachartikel zu lesen. Behauptet da nicht meine Tochter, ich wäre gar nicht an den Schreibtisch zurückgekehrt, sondern sofort nach der Morgenmahlzeit in die Stadt gegangen, ganz gegen meine sonstigen Gewohnheiten? Ob sie schon so zerstreut ist, daß sie nicht einmal mehr bemerkt, was ihr Vater tut?

Ich habe darauf verzichtet, mit ihr zu streiten. Soll sie denken, was sie will. Der kurze Spaziergang hat mir jedenfalls gutgetan. Ich habe kräftig durchgeatmet, ich fühle mich munter und stark, als ob ich jedes Hindernis überwinden könne. Mehr denn je bin ich überzeugt, daß man dem Altern nicht schutzlos ausgesetzt ist.

Ich benötige immer weniger Schlaf. Es gibt viele alte Leute, die darüber klagen, daß sie nachts wach liegen, daß sie bei jedem kleinsten Geräusch hochschrecken, sie gewöhnen sich daran, vor dem Zubettgehen Baldrian einzunehmen, und müssen ihre Dosis ständig erhöhen. Ich finde es dagegen wunderbar. Die Lebenszeit ist so kostbar, daß man es sich in Wahrheit gar nicht leisten kann, ein Drittel davon mit geschlossenen Augen in völliger Passivität zu verbringen. Jede zusätzliche Stunde des Wachseins ist ein Gewinn. Ich nehme mir ein Buch aus dem Regal und lese. In den vergangenen Jahrzehnten hatte ich mir viele Bücher nur mit dem Gedanken angeschafft, daß ich mir im Ruhestand die Zeit nehmen werde, sie ohne Zeitdruck zu genießen. Wenigstens in den nächtlichen Stunden, wenn Solveig im Zimmer unter mir schläft, verwirkliche ich diesen Plan.

Die Literatur bildet ein Terrain, auf dem ich mich so vorsichtig bewege wie in einem fremden Laboratorium. Ich sehe imaginäre Welten sich öffnen, bemerke das Spiel schillernder Figuren, die sich scheinbar absichtslos auf ein Ziel hin bewegen, kurz, ich sehe das Ergebnis, erkenne aber nicht die Regeln, nach denen es erzielt worden ist. Eigentlich ist es schade, daß ich so wenig davon verstehe. Die Literaten haben einen großen Vorteil. Wenn ihnen ein Werk gelingt, steht es festgefügt für alle Zeiten. In der Wissenschaft ist der Erfolg schnellebig. Was

44

gestern noch eine Sensation war, ist heute ein alter Hut. Ein guter Roman wird dagegen immer gelesen. Goethe ist Deutschlands größter Dichter, seine Leistungen als Wissenschaftler sind längst überholt, obwohl er sich gerade in der Forschung seine Lorbeeren holen wollte. Der Faust und der Werther dürfen in keiner Bibliothek fehlen, die Farbenlehre gilt nur noch als Kuriosum.

Leider vergesse ich ziemlich schnell den Inhalt gelesener Bücher. Die Namen der Hauptgestalten entfallen mir meist schon während der Lektüre. Deshalb mache ich mir oft ein Personenverzeichnis, an dem ich mich beim Lesen orientiere. Größeres Vergnügen bereitet es mir, Bücher aus früheren Jahren erneut zu lesen. Dann wundere ich mich, wie viele Einzelheiten ich behalten habe. Es ist der Spaß am Wiederentdekken, der mich den Grünen Heinrich oder die Brüder Karamasow ein zweites Mal lesen ließ.

*20. November*

Der Stolz vieler Leute meines Alters, zur ersten Generation nach dem Krieg gehört zu haben, ist verständlich. Wir schufen unser Leben aus dem Nichts, die Leistungen jedes Tages waren unmittelbar sichtbar für jedermann. Die Arzneimittelproduktion beispielsweise hatte in unserer Gegend eine große Tradition. Indirekt habe ich dazu beigetragen, sie wieder in Gang zu bringen. Ich und der alte Rosenfeld. Der war überhaupt ein Genie. Er beherrschte die Kunst, aus nichts etwas zu machen. Bevor er zu mir kam, hat er Bürsten gebunden. Er holte sich die Borsten von den Bauern, stellte Besen und Bürsten her und verkaufte sie wiederum auf dem Lande gegen Naturalien. Bei mir bekam er seine Lebensmittel direkt von der Roten Armee. Seine Talente setzte er nun ein, um Chemikalien zu beschaffen.

Wir verwandelten das Schulzimmer in eine kleine Produktionsstätte. Die Aufgabe war eine zweifache. Zum einen führte mich Rosenfeld in die Kunst des Seifensiedens ein. Ich stellte also Seife her, und der Apotheker setzte sie über irgendwelche obskuren Zwischenhändler ab. Dafür brachte er Chemikalien mit. Ich erinnere mich noch gut an den allgegenwärtigen Formaldehydgeruch, der sich auf Dauer bei uns einnistete. Aus diesen und anderen Stoffen stellte ich Desinfektionsmittel her. Sie waren wichtiger als die eigentlichen Medikamente, weil sie der Seuchengefahr vorbeugten. Es gab zu viele Brandstätten, wo noch Leichen vor sich hin faulten. Die Typhusgefahr war ständig unter uns.

*15. Dezember*

Wozu diese Reminiszenzen? Mir fehlt die Lust, sie fortzusetzen. Ohnehin müßten sich nun die Erfolgsmeldungen anschließen. Rosenfeld, mein erster Mitarbeiter, sicherte die Anerkennung des Labors, es hatte sich anscheinend bewährt. Mein Doktortitel wurde akzeptiert, ich galt als Fachmann. Die Kommandantur stellte uns eine höhere Lebensmittelration und zwei neue Mitarbeiter, aus der Kriegsgefangenschaft zurückgekehrte Chemiker. Wir nannten uns „Forschungslabor für Hygiene", und ich erhielt den Status eines Direktors. Ein glatter, gerader Weg nach oben. Freilich, später traten neue Schwierigkeiten auf, jede Institution hat ihre schmutzige Wäsche im verborgenen gewaschen, alle haben sie ihre spezielle Leiche im Keller. Die ausgesparten Begebenheiten, die in der Institutschronik beschönigt, uminterpretiert oder gänzlich fortgelassen worden sind. Na und? Wozu das aufschreiben? Es ist ohnehin nicht mehr rückgängig zu machen. Die Wissenschaft ist ein Kampffeld persönlichen Ehrgeizes, unbegründeter Hoffnungen, der Verkennung eigenen Unwissens und subjektiver Vorurteile. Das größte Wunder liegt für mich darin, daß auf diese Weise überhaupt echtes Wissen zustande kommt. Warum habe ich Erfolg gehabt? Schließlich machte ich in meinem Laboratorium keine einzige eigene Entdeckung. Daran ändern auch die zweiundzwanzig Erfindungen nichts, die auf meinen Namen patentiert worden sind, das war ein rein verwaltungstechnisches Problem. Nein, der Erfolg beruht nur auf der Möglichkeit, bei vielen Tagungen das Hauptreferat zu halten und dort die Ergebnisse des

Instituts vorzustellen. Für die Zuhörer verknüpften sich die Resultate mit dem Namen des Redners, ich wurde viel eingeladen, erhielt Preise, wurde von anderen zitiert, ich war binnen kurzem ein gemachter Mann. Währenddessen hockten meine Mitarbeiter in den Labors und machten neue Entdeckungen. Oh, natürlich verhielt ich mich korrekt, ich erwähnte in meinen Reden stets die Namen der wirklichen Erfinder, jener arbeitsamen, von ihren Ideen besessenen Chemiker und Biologen, die mit ihrer Tätigkeit meine öffentlichen Auftritte ermöglichten. Nur, diese Leute bekam keiner zu Gesicht. Sie kannte niemand, mich kannten alle.

Es ist angenehm, Direktor zu sein. Selbstverständlich stöhnt man über den Verwaltungskram und wegen der Verantwortung. Selbstverständlich macht man einen gehetzten und gestreßten Eindruck. Jedes zweite Jahr fährt der Chef zu einer prophylaktischen Kur. Dreimal in der Woche läuft er im Sportdreß durch die Wiesen, um sich fit zu halten, um sein Nervenkostüm zu restaurieren. Das gehörte einfach zu meinem Image. Die Mitarbeiter, die ihn so sehen, sind folglich froh, daß sie ungestört in ihren Labors forschen dürfen und von der Lebensweise ihres Vorgesetzten verschont bleiben. Sie beneiden mich nicht. Mit der Vergrößerung des Labors Anfang der fünfziger Jahre, dem Umzug in das neue Gebäude und der Umbenennung in „Institut für Hygiene und organische Chemie" erhielt ich den Professorentitel, ohne mich habilitieren zu müssen. Ich war sicherlich einer der jüngsten Professoren im Lande. Keiner meiner Mitarbeiter zweifelte, daß ich mir diesen Titel redlich verdient hatte.

Ich wurde Verwaltungsbeamter und Dienstreisender. Während der Zugfahrt las ich die Forschungsberichte meiner Mitarbeiter, der einzige Zugang zur Wissenschaft, der mir noch blieb. Sehr bald begriff ich, daß es zwei Typen von Wissenschaftlern gibt, solche, die reisen, und solche, die forschen. Erstere sind die Verbreiter des Wissens, kenntlich an ihren tadellosen Manieren, einer Kollektion modernster Anzüge und den Visitenkarten mit Namen und Titel am Revers, während die Forscher ungekämmt, mit alten Pullovern und Kordhosen bekleidet, durch die Gänge der Labors schleichen und das Licht der Öffentlichkeit scheuen. Man glaube nicht, die Reisenden seien überflüssige Parasiten am Futternapf der Fachwelt. Der Mensch liebt nun einmal den persönlichen Kontakt, den ihm keine Fachzeitschrift ersetzen kann, und sei sie noch so aktuell; er ist ein soziales Wesen. Er hält eine Forschungsrichtung erst dann für bedeutend, wenn sie von einem sympathischen Redner dargeboten wird, der sich nicht zu schade dafür ist, mit ihm am Abend ein Glas Wein zu leeren und das freundschaftliche Du anzubieten. Und wie die Laborinsassen auf die Hinweise ihrer Reisenden warten, auf welchem Gebiet zukünftig Pfründen abzuschöpfen sind! So buhlt jeder um die Gunst seiner Kollegen, und ich war in dieser Kunst nicht der Schlechteste.

Und das Resultat? Hat es sich gelohnt? Die Entdeckungen haben letztlich andere gemacht. Doch nicht sie, ich war der erste Professor, der erste Träger des Banners der Arbeit am Institut. Mir allein wurde zum sechzigsten Geburtstag der Nationalpreis verliehen, niemand anderem sonst. (Dabei war es nicht mal *mein* Sechzigster, sondern der des wirklichen Friedrich Barthes.) Ich war nur der Verwalter des Instituts, steckte aber den Ruhm für seine Entdeckungen ein. Und was das schlimmste ist, alle fanden es in Ordnung, auch die Entdecker selbst. Was ist falsch gelaufen?

*16. Dezember*

Gestern war ich in einer düsteren Stimmung. Ob es das trübe Wetter ist, der grauverhangene Himmel? Wenn ich anfange, am Sinn meiner Arbeit zu zweifeln, muß irgend etwas nicht in Ordnung sein. Habe ich vergessen, daß ich das Institut einige Male vor dem Untergang gerettet habe? Daß ich einigen Biologen ein Refugium schuf, als die Kampagne gegen Mendelismus und Morganismus in vollem Gange war? Während Lyssenko seine Riesenähren vorwies, die sich nach der zweiten und dritten Generation wie Seifenblasen ins Nichts verflüchtigten, wurden bei uns mit gezielten Mutationen und Selektionen kleine, aber dafür dauerhafte Veränderungen erreicht. Wir durften es nicht wagen, gegen Lyssenko, das Aushängeschild der sowjetischen Wissenschaft (unter Stalin Präsident der Akademie für Agrarwissenschaften, dreimal Träger des Staatspreises, sechsmal Träger des Leninordens), auf größeren Kongressen aufzutreten, aber später, als der ganze Spuk vorbei war, gehörten wir zu den ersten, die solide Ergebnisse auf dem Gebiet der angewandten Genetik vorweisen konnten. Ist das nichts?

Nein, es ist nichts. In Wahrheit hatte ich nicht die geringste Ahnung. Woher sollte ich die Kenntnisse haben, die Solidität von Lyssenkos Schlußfolgerungen anzuzweifeln, wenn sogar der große Oparin und andere Leuchten ihm glaubten? Die Genetik galt als imperialistische Pseudowissenschaft, und ihr Gegner verwies auf Marx, um zu beweisen, daß sich Arten durch erworbene neue Eigenschaften sprunghaft in eine andere Art verwandeln können, daß Pflanzen auf Dauer veränderlich sind, wenn man sie extremen Einwirkungen aussetzt.

Was soll ich nun streichen? Die beiden soeben geschriebenen Absätze oder den gestrigen Text? Ich werde beides stehenlassen, wahrscheinlich enthält jedes ein Stück Wahrheit, und wenn ich sie zusammenfasse, komme ich der Wirklichkeit näher, als wenn ich versuche, eins davon zu verleugnen.

# III

Vorhin rief jemand von meinem Institut an. Doktor Merkel. Der Name kommt mir bekannt vor. War er zu meiner Zeit schon dort oder nicht? Er fragte mich, weshalb ich nicht zur Forschungstagung gekommen sei. Zehn Uhr dreißig, jetzt stehe meine Rede über interdisziplinäre Aufgaben der Biochemie auf dem Programm. Ich wußte von keiner Forschungstagung und stotterte, ich sei plötzlich krank geworden. Eine schwache Ausrede, denn in solchen Fällen sagt man von sich aus ab.

Die Einladung fand ich sehr schnell zwischen meinen Papieren. Natürlich, die jährliche Konferenz in unserem Schulungsheim mitten im verschneiten Harz. Wie konnte ich sie nur vergessen! Wahrscheinlich las ich die Einladung, ohne sie sofort in meinem Kalender zu vermerken, meinem unentbehrlichen Termingedächtnis. Daher habe ich auch keine Rede ausgearbeitet. Peinlich. Werde ich wirklich senil? Hoffentlich erzählt niemand Solveig davon, sonst bevormundet sie mich noch mehr. Es reicht auch so schon. Ich kann kaum noch einen Schritt tun ohne ihr ewiges „Vater, vergiß deinen Schal nicht", „Wir essen um zwölf, schau bitte öfter auf deine Uhr", „Vater, der Schlüssel ist in deiner linken Westentasche, verlier ihn nicht wieder". Sie ist auf dem besten Wege, mich zu einem kleinen Jungen zu stempeln. Dem muß ich schnellstens einen Riegel vorschieben.

Habe ich ähnliche Sätze nicht schon einmal geschrieben? Alte Leute neigen dazu, ständig die gleichen Geschichten zu wiederholen. Fange ich nun auch damit an? Es ist schlimm, daß ich beginne, mir selbst zu mißtrauen.

Heute nachmittag kam ein distinguierter Herr von gut fünfzig Jahren zu mir. Ich erkannte ihn nicht sofort, hatte aber gleich das Gefühl, ihn nicht zum erstenmal zu sehen. Als er mir zur Begrüßung auf die Schulter schlug, fiel der Groschen. Richtig, das ist der Mann, mit dem ich in den letzten Jahren öfter Schach gespielt habe. Doktor Kohlberg! Sogar sein Beruf fiel mir wieder ein, er ist Arzt.

„Wollen Sie mit mir Schach spielen?" erkundigte ich mich, worauf er fragte, warum ich ihn auf einmal sieze. Offenbar waren wir früher vertraut miteinander, denn es gibt nur wenige Menschen, denen ich das freundschaftliche Du angeboten habe. Ich führte die schwarzen Steine und verlor sehr schnell. Anscheinend machte ich irgendeinen groben Fehler. Kohlberg sprach vom Schäferzug. Keine Ahnung, was das ist. Er schlug mir vor, einen Gedächtnistest zu machen. Sollte ich mich geirrt haben, und er ist kein Arzt, sondern Psychologe? Ob er mit den Leuten aus meinem Institut unter einer Decke steckt? Haben sie ihn geschickt, um zu überprüfen, ob die Ausrede mit meiner Krankheit stimmt? Oder hat Solveig ihn geholt? Ihr gegenüber war ich vorsichtig. Gleich nach dem Anruf erzählte ich ihr, mein

Magen spiele verrückt, deswegen hätte ich bei der Forschungstagung abgesagt. Drei Tage lang aß ich Diät. Ich weiß nicht, ob sie mir glaubte.

Weshalb sollte ich mich nicht dem Gedächtnistest unterziehen? Soll er sich ruhig überzeugen, daß ich im Vollbesitz meiner Kräfte bin. Kohlberg las mir Wortlisten vor, lauter sinnloses Zeug, wie Tomate, Eisen, Fahrrad, Kaufhaus und ähnliches. Ich sollte alle Wörter nennen, die ich mir merken konnte. Wie stellt er sich das vor? Wenn jemand zwanzig Wörter vorliest, schnell und ohne Pause, wie soll man da etwas behalten? Ich nannte aufs Geratewohl irgendwelche Begriffe. Bin ich sein Schulkind? Ist er mein Lehrer? Als er hinterher anfing, mich besorgt zu mustern, platzte mir der Kragen. Ich fegte die Blätter vom Tisch und rief, er möge mich mit dem Unfug in Ruhe lassen. Einverstanden, ich hätte mich nicht derart erregen sollen. Aber ich bin ein alter Mann, ich habe ausreichend Lebenserfahrung, ich kann verlangen, daß man mich ernst nimmt. Ich bin nicht senil. Mag sein, daß ich diese Krankheit habe (Wie heißt sie nur? Aha, Alzheimersche!), aber ich tue etwas dagegen. Ich treibe Sport, esse Obst, schreibe meine Erinnerungen auf. Mehr kann wohl niemand verlangen.

Mir kam ein schrecklicher Verdacht. Ob Solveig die Absicht hat, mich für verrückt erklären zu lassen? Das ist doch nicht möglich, sie ist schließlich mein eigen Fleisch und Blut. Das mag in Trivialromanen vorkommen, vielleicht auch im Mittelalter, aber heute? Wie eine Intrige sah es nicht aus. Ich habe sie belauscht, als sie mit Kohlberg sprach. Barfuß ging ich die Treppe hinunter, damit die Stufen nicht knarrten. Ich vergesse immer, welche es sind, ich glaube, die dritte und die siebte. Von oben oder von unten?

Ich hörte Solveig reden. „Ich weiß nicht, wie ich mich verhalten soll. Äußerlich scheint alles normal, außer daß er neuerdings unsicher um sich schaut, wenn er das Haus verläßt. Er ist nicht mehr so forsch wie einst. Er erzählt mir Dinge aus meiner Kindheit, die ich gar nicht erlebt haben kann. An Mutter scheint er sich überhaupt nicht zu erinnern. Wenn das so weitergeht, wie soll ich mit ihm umgehen?"

Ich durfte Kohlberg keine Gelegenheit zur Erwiderung geben. Ohne Vorwarnung betrat ich das Zimmer. Sie verstummten beide wie zwei ertappte Lausejungen.

„Vater, wo hast du deine Hausschuhe?"

Wie dumm von mir! Konnte ich zugeben, sie absichtlich oben gelassen zu haben, um zu horchen? Warum habe ich sie nicht in der Hand behalten und unten wieder angezogen? Es war ihr an der Nasenspitze anzusehen, daß sie einen neuen Beleg für meine Senilität gefunden zu haben glaubte.

„Ich bin nicht verrückt."

„Aber Vater, niemand denkt so etwas. Nur, du wirst dich erkälten, wenn du so herumläufst. Setz dich, ich hole sie dir. Wo hast du sie gelassen?"

„Oben, auf dem Treppenabsatz."

Sie drückte mich in ihren Sessel. Kohlberg schwieg verlegen. Geschah ihm recht, was mischt er sich in meine Angelegenheiten ein.

Kohlberg ist der Arzt, der mir die Computertomographie ermöglichte. Es steht in meinen Aufzeichnungen, ich habe es soeben gefunden. Kein Wunder, daß er hier aufkreuzte, um sich zu überzeugen, daß seine Diagnose richtig war. Er denkt sicher folgendermaßen: Barthes hat die Alzheimersche Krankheit, daher kann sein Verhalten nicht normal sein. Folglich deutet jede seiner Handlungen auf ein Fortschreiten seines geistigen Verfalls hin. Er ahnt nicht, daß ich von seiner Diagnose weiß und den Kampf aufgenommen habe. Und es funktioniert! Ich hatte vergessen, daß er mein Hausarzt ist, in meinen Aufzeichnungen steht es jedoch geschrieben, und nun weiß ich es wieder.

Auf dem Schreibtisch meiner Tochter fand ich den Roman von diesem Bernlef. Es geht um einen alten Mann, irgendwo in Amerika, dessen Persönlichkeit durch geistigen Verfall vor die Hunde geht. Zieht sie etwa Parallelen zu mir? Der Maarten aus dem Buch versucht sich so zu verhalten, als sei alles normal, obwohl er die Dinge längst nicht mehr im Griff hat. Das ist doch mit meiner Lage nicht zu vergleichen! Stehe ich etwa nachts auf, um meinen Hund auszuführen? Ich habe gar keinen Hund. Verirre ich mich in der Stadt? Rede ich mit Leuten, die gar nicht da sind? Mir kommt das alles wie ein schlechter Scherz vor.

Heute vormittag hatte ich keine Lust, Sport zu treiben. Das Wetter war sowieso nicht besonders. Keine Lust, mir einen Schnupfen zu holen, die einzige Form der Erkältung, für die ich anfällig bin. Ich setzte mich vor den Fernseher und sah mir einen Film an. Den Anfang habe ich verpaßt, daher weiß ich den Titel nicht. Es war aber lustig, hat mir Spaß gemacht. Plötzlich kam Solveig vom Einkaufen und fing an zu schimpfen.

„Aber Vater, was soll das! Das ist doch nur eine Wiederholung.“

„Ich weiß, daß es eine Wiederholung ist.“

„Wir haben den Film schon gestern abend gesehen.“

Natürlich, es stimmte. Auf einmal erkannte ich die Figuren wieder und erinnerte mich sogar, welcher von diesen Bourgeois in Wahrheit ein ausgekochter Ganove war. Ich ärgerte mich über mich selbst. Mußte ich meiner Tochter eine Bestätigung für ihr Mißtrauen liefern? So gut war der Film nun wirklich nicht, daß es lohnte, ihn sich zweimal kurz hintereinander anzusehen.

Wollte gestern eigentlich noch weiterschreiben, aber mir fehlte die innere Ruhe. Ich mußte einfach aufstehen und umhergehen. Wie soll ich nur meine Gedanken beieinanderhalten? Zu viele Dinge gehen mir durch den Kopf. Es ist kein Vergessen, sondern das Gegenteil. Alles stürmt gleichzeitig auf mich ein, Landschaften, Gesichter, das Interieur der vierzehn Wohnungen, die ich im Laufe meines Lebens bewohnte — alles wichtige Erinnerungen. Leider sind Beschreibungen nicht meine Stärke. Seitenlang Porträts von Naturschönheiten mit Worten zu malen, das mag etwas für Poeten sein. Ich halte mich an die Fakten. Arbeitet das Gedächtnis nicht assoziativ, zieht nicht jeder Gedankensplitter weitere nach sich? Prägt sich nicht mit der Nennung eines Namens gleichsam automatisch das Bild der Person ein? Meine Frau beispielsweise. Wie konnte Solveig behaupten, ich könne mich nicht mehr an ihre Mutter erinnern? Bitte, hier sind die Fakten. Christa Barthes, geborene Kolmer, am 12. Dezember 1931 zur Welt gekommen, gestorben vor vier Jahren an zu spät erkanntem Brustkrebs. Hat sich nicht regelmäßig untersuchen lassen, so war nichts mehr zu machen. Sie ist unter quälenden Schmerzen gestorben, trotz des Morphiums. Wer weiß, was mir bevorsteht, wenn es ans Sterben geht. Man könnte sich fast wünschen, senil zu werden, um das Ende nicht mehr bewußt zu erleben. Aber der Gedanke, nicht mehr zu sein als ein hilfloses Stück Fleisch, von Solveig in stummer Ergebenheit gefüttert, ist mir unerträglich.

Ich hatte meine Sekretärin geheiratet. Das ging bequem und problemlos. Wo anders als in meinem Institut hätte ich Frauen kennenlernen sollen? Freizeit kannte ich kaum. Es war mühselig genug, in einer Wissenschaft auf dem laufenden zu bleiben, die ich in Wahrheit nicht studiert hatte. Es gab genug Kollegen, die mein Verhältnis zu Frauen zynisch nannten. So etwas sagt sich leicht. In der Forschung gilt kein Achtstundentag, für die Mitarbeiter ebensowenig wie für den Direktor. Wer hart arbeiten muß, kann sich keine Liebesromanze leisten. Es war eine Vernunftehe, zugegeben, aber sie hatte Bestand. In all den Jahren habe ich meine Frau nur einmal betrogen, und es hat mir nicht mal Spaß gemacht. Ich habe diesen Ausrutscher nie wiederholt.

Warum schreibe ich überhaupt davon? Um mich vor Solveig zu rechtfertigen, die dieses Heft ohnehin nicht zu sehen bekommt? Völlig umsonst also. Ich muß meine Gedanken besser im Griff halten. Christa kann ich draußen lassen. Sie war unbeteiligt. Für sie war ich immer Friedrich Barthes, meine doppelte Identität ging sie nichts an. Das Bild des erfolgreichen Direktors pflegte ich auch zu Hause. Stimmte es denn nicht? Das Ergebnis bewies, daß der Doktortitel wohl verdient war. Sonst müßte ich ja zu der Schlußfolgerung kommen, daß jeder Beliebige, der durch Zufall in Besitz des Barthesausweises gekommen und damit im Sommer fünfundvierzig in Berlin aufgekreuzt wäre, das Institut zu gleichen Höhen geführt hätte. Eine absurde Annahme. Personen sind nicht beliebig austauschbar. Die Genetikgeschichte beweist es.

Heute wundere ich mich manchmal, daß ich damals durchgekommen bin. Wir unterstanden zwar nicht mehr direkt der Roten Armee, aber unsere ehemaligen Gönner hatten immer noch ein Auge auf uns. Offensichtlich hatten die Lyssenkoisten ihre heimlichen Gegner auch in den Reihen der Streitkräfte. Ein Großteil der Offiziere war vor dem Krieg Lehrer, Ingenieur, Agrarwissenschaftler oder Universitätsdozent. Einige von ihnen hatten bei dem Genetiker Wawilow studiert, den seine Überzeugungen das Leben gekostet haben. Einer seiner Schüler hat Mitte der sechziger Jahre bei uns ein halbes Jahr gearbeitet. Durch den Eintritt in die Armee war er einst den Säuberungsaktionen an der biologischen Fakultät entronnen. Aber das alles erfuhr ich erst später.

In Kollegenkreisen wird meine Abwehr der Theorie Lyssenkos in den Zeiten ihrer Blüte als Zeichen meiner aufrechten Gesinnung und des persönlichen Mutes gedeutet. Natürlich wußte ich um das Risiko, und es war keinesfalls Leichtsinn, was mich dazu trieb. Als ich Anfang der fünfziger Jahre zwei junge Biologen in mein Kollektiv aufnahm, wußte ich nicht, daß es sich um verkappte Genetiker handelte. Dietrich Horn und Achim Lohmeyer, ihre Namen habe ich nie vergessen.

Manchmal bin ich ziemlich zerstreut. Als ich aus dem Park zurückkam und meine Tasche auspackte, fand ich neben den Einkäufen, die ich für Solveig übernommen hatte, auch mein Tagebuch. Ich hatte es mitgenommen, um außerhalb des Hauses zu schreiben. Das ist unauffälliger. Solveig wundert sich ohnehin, was ich in den vielen Stunden in meinem Zimmer mache. Fragt mich, warum ich ständig am Schreibtisch sitze. Wenn sie hereinkommt, oft ohne anzuklopfen, schiebe ich schnell das Heft unter einen Stapel Zeitungen. Sie schaut über meine Schulter, streicht mir über das Haar und sieht, daß ich nichts zu schreiben oder zu lesen vor mir habe. Sie glaubt, ich träume nur vor mich hin.

„Woran denkst du?"

„An die Versuchsserie mit den Benzolderivaten. Ich werde das Gefühl nicht los, daß wir mit dieser Stoffgruppe auf dem Holzweg sind."

„Vater, diese Arbeit habt ihr schon vor zehn Jahren erfolgreich beendet, und das Kollektiv hat den Forschungspreis des Ministeriums erhalten. Seitdem wird nur noch Benzol verwendet."

Mag sein. Ist das nicht unwichtig? In Wirklichkeit habe ich nicht an die Chemie, sondern an mein Tagebuch gedacht. Um mich solchen Verhören zu entziehen, beschloß ich, in Zukunft im Park zu schreiben. Bin allerdings vom Wetter abhängig. Immerhin ist Winter, aber er ist mild, ab und zu zeigt sich sogar ein Sonnenstrahl. Statt aber meine Chance zu nutzen, hielt ich die Nase in den Wind und dachte an den letzten Urlaub in Jugoslawien. Hab das Schreiben völlig vergessen. Nun sitze ich wieder am Schreibtisch und rekonstruiere meine Erinnerung.

Also, Dietrich Horn und Achim Lohmeyer. Die

genaue Jahreszahl weiß ich nicht mehr. Jedenfalls mitten in der Lyssenkozeit. Zwei junge Männer, einer blond, einer dunkel, beide schlank, hochgewachsen und mit einer Miene, als könnten sie kein Wässerchen trüben. Sie hatten sich nach dem Studium bei uns beworben und sollten nun ihre Doktorarbeiten schreiben. Die Themen hätten mich stutzig machen sollen, bei Horn war im Untertitel sogar von Mutationen die Rede, doch ich war völlig arglos. Zwar bestand mein ursprünglicher Plan darin, mein versäumtes Biologiestudium durch private Lektüre von Fachbüchern nachzuholen, aber inzwischen hatte ich es aufgegeben. Mir fehlte die Zeit. Ich hatte genug zu tun, mir jene Fakten einzuprägen, die mit der unmittelbaren Arbeit des Instituts zu tun hatten. Mein Lernen blieb Stückwerk. Daher wußte ich nicht, daß das Wort „Mutation" in der Genetik vorkommt und mit der Idee einer Vererbung erworbener Eigenschaften unvereinbar ist. Eine verhängnisvolle Wissenslücke, denn ich stellte die beiden ein.

Meine Mitarbeiter wußten mehr darüber als ich. Sie warnten mich. Steinberger, mein bester Chemiker, sprach sogar von der Schlange, die ich an meiner Brust nährte. Er liebte diese poetischen Ausdrücke geradezu, was ihn nicht hinderte, im Alltag ein harter Mann zu sein und schwankende, empfindsame Gemüter mit unbarmherziger Strenge zu behandeln. Wer nicht für uns ist, ist gegen uns, war seine Rechtfertigung. Das ging gut bis 1958. In jenem Jahr fand eine Überprüfung von Gerichtsakten in einigen Archiven außerhalb Berlins statt, in deren Folge sich herausstellte, daß mein bester Chemiker ein ehemaliger hoher Nazi und maßgeblich an der Giftgasproduktion des dritten Reiches beteiligt war. Eines Morgens fuhr ein grauer Wagen mit zwei Zivilbeamten vor, sie marschierten zielgerichtet in Steinbergers Labor, und zwei Minuten später verließen sie zu dritt das Gebäude, Steinberger, blaß, mit Handschellen (er hatte nicht einmal den weißen Kittel ausgezogen), seine Begleiter hielten ihn untergefaßt und blickten mit steinernen Gesichtern starr geradeaus, ohne an irgendwen ein Wort der Erklärung zu richten. Den Grund für diese Verhaftung erfuhr ich erst viel später. Eines Tages erhielt ich sogar ein offizielles Schreiben vom Bezirksgericht. Der dringenden Aufforderung, am Prozeß teilzunehmen, entzog ich mich durch den Hinweis auf Überlastung. Staatswichtige Aufträge, Termine drückten und so weiter. Ich wollte weder Steinberger wiederbegegnen noch an die Zeit erinnert werden, als ich Konradt hieß und den besten Teil meiner Jugend im Feuer des Krieges verlor.

Aber zurück zu den beiden Nachwuchsgenetikern. Ich bestellte sie zu mir, erklärte ihnen kurz, daß das Institut seine Existenz der Förderung durch die sowjetische Armee verdanke und deshalb eine gegen Lyssenko gerichtete Forschung nicht geduldet werden könne. Sie mögen mir innerhalb von zwei Tagen neue Themenvorschläge für ihre Dissertationen unterbreiten.

Ihre Einwände überraschten mich nicht.

„Lassen Sie uns arbeiten", sagte Lohmeyer, der etwas Kleinere, Dunkelhaarige von beiden, „wir werden im Labor beweisen, daß Mendel recht hatte und nicht Lyssenko. Sollten wir scheitern, können Sie es als Niederlage der Genetik verbuchen."

„Sie sind nicht hier, um ideologische Kriege auszufechten, sondern verwertbare Ergebnisse vorzulegen."

„Das werden wir auch. Das Experiment muß entscheiden, wer recht hat."

Mir gefiel ihre Hartnäckigkeit, aber das änderte nichts an meinem Entschluß, mir auf diesem Gebiet keine Probleme an den Hals zu holen. „Was auch herauskommen mag, Sie wissen genau, daß Resultate, die nach Genetik klingen, nicht verwertbar sind. Wir würden nicht einmal die notwendigen drei Gutachter für Ihre Doktorarbeiten finden, und bei der Verteidigung gäbe es einen Skandal. Von den politischen Folgen gar nicht zu reden. Im Sozialismus gilt die Vererbungslehre nach Lyssenko, also auch an meinem Institut."

„Nicht mehr lange."

„Das bleibt abzuwarten."

„Ist das Ihr letztes Wort?" fragte Dietrich Horn, der bis dahin stumm geblieben war.

„Ja."

„Dann möchte ich Sie bitten, in diesem Fall eine Ausnahme zu machen."

„Ich wüßte nicht, warum."

„Sie sind nicht Friedrich Barthes."

„Wie bitte?"

Auf alles war ich in diesem Moment vorbereitet, aber nicht auf das. Selbstverständlich hatte ich in all den Jahren nicht vergessen, daß mein Name nur geborgt war. Jederzeit konnte eine Person auftauchen, die mich oder meinen gefallenen Freund kannte. Es gab die Möglichkeit zufälliger Begegnungen, wieder auftauchender Akten, unerwarteter Suchaktionen entfernter Verwandter und tausend anderer unkalkulierbarer Schwachstellen. Im Laufe der Zeit verlor sich diese Furcht allmählich, weil die Katastrophe ausblieb. Seit die sowjetische Kommandantur den Wehrmachtsausweis eingezogen und mir neue Papiere ausgestellt hatte, war ich unter diesem Namen ordnungsgemäß registriert. In allen Karteien war ich verzeichnet. Meine zweite Existenz war legalisiert. Im Ausweis klebt neben dem Namen Barthes mein richtiges Paßbild. Einmal noch durchfuhr mich ein Schreck, als ich im Radio ein Hörspiel verfolgte, dessen Held wie ich einen anderen Namen angenommen hatte, um als Arzt praktizieren zu können. Ich überlegte manchmal, was geschehen würde, wenn der Schwindel doch noch herauskäme. Könnte ich nicht in den Verdacht geraten, ein ehemaliger Nazi zu sein, der sich auf diese Weise der verdienten Strafe entziehen will? Ein verkappter Massenmörder? So wie es mit Steinberger ein paar Jahre später geschah? Ich könnte nicht einmal das Gegenteil beweisen.

„Ich weiß nicht, wer Sie wirklich sind", entgegnete Horn, „aber Sie sind gewiß nicht der, der zu sein Sie vorgeben."

„Das ist eine schwere Anschuldigung."

„Ich kannte Friedrich Barthes. Er ging mit meiner älteren Schwester, bis sie ihn einzogen. Sie hat nach ihm geforscht bis nach dem Kriege."

Warum hatte er mir nie etwas davon gesagt? Ich sollte seine Eltern benachrichtigen. Von einer Braut war nie die Rede.

„Meine Schwester ist inzwischen verheiratet, sie hat die Suche aufgegeben. Sie mußte ihn für tot halten."

„Es ist normal, daß es mehrere Männer gleichen Namens gibt."

„Aber nicht mit demselben Geburtsort und demselben Geburtsdatum. Als ich hörte, wie der Institutsdirektor heißt, und dann einen ganz anderen sah, dachte ich im ersten Moment tatsächlich, einem Namensvetter begegnet zu sein. Sie können sich meine Bestürzung vorstellen, als ich mich nach Ihren weiteren Personalien erkundigte."

„Sie werden Ihre Behauptungen beweisen müssen."

„Das wäre nicht schwer, meine Schwester kann meine Worte bestätigen. Ich habe auch noch Kontakt zu einer Familie, die in Barthes' Haus wohnte, einfache Leute, sie leben in Quedlinburg."

Meine Vergangenheit holte mich ein. Wie hatte ich nur glauben können, daß der Krieg alle Spuren verwischt habe. Es blieben immer untilgbare Reste zurück, Indizien, Zusammenhänge, Verbindungen, die unterbrochen wurden, aber sich durch einen dummen Zufall neu herstellen können.

„Hören Sie", sprach Horn weiter, „ich will nicht wissen, wer Sie wirklich sind und warum Sie in Barthes' Haut geschlüpft sind. Offenbar ist er nicht mehr am Leben, ich kann nur hoffen, daß Sie ihn nicht auf dem Gewissen haben."

Ich wollte auffahren, doch er ließ mich nicht zu Wort kommen.

„Ich habe eine bessere Meinung von Ihnen. Irgendeinen Grund müssen Sie aber gehabt haben, Barthes zu werden. Das ist eine Angelegenheit zwischen Ihnen und Ihrem Gewissen. Achim und ich, wir wollen nur arbeiten. Sie können sich darauf verlassen, daß sich Lyssenko auch in seiner Heimat nicht mehr lange halten kann. Er mag hochtönende Reden halten und beeindruckende Ähren vorweisen. Aber das sind nur Hybriden, deren wunderbare Eigenschaften nicht vererbbar sind. Kein Bauer hat mit diesem Saatgut höhere Erträge erzielt als andere mit normalem Getreide. Es ist nur eine Frage der Zeit, bis man entdecken wird, daß nicht die Landwirte unfähig sind, sondern Lyssenko ein Scharlatan ist, daß eine ganze Forschergeneration einem groß angelegten Schwindel aufgesessen ist. Stalin muß sich überlegen, was ihm wichtiger ist, höhere Erträge oder Lyssenko."

„Was hat das mit uns zu tun?"

„Lassen Sie die Genetiker arbeiten. Achten Sie nicht auf die Diffamierungen. Ihr Institut steht unter dem Schutz der Roten Armee, niemand wird es antasten. Sagen Sie den Kritikern, wir forschten, um die westliche Genetik zu widerlegen, falls es Ärger gibt. Unser Pech, wenn uns das nicht gelingt. Sie werden ganz groß herauskommen, sobald Lyssenko entlarvt ist."

Er sollte recht behalten.

Am angenehmsten sind die Tage, an denen Solveig in der Schule ist und ihre Stunden gibt. Sie unterrichtet seit Jahren Deutsch und Englisch. Neuerdings geht sie nur noch an vier Tagen aus dem Haus. Ich habe den Eindruck, sie gibt gar nicht mehr ihre volle Stundenzahl. Dafür braucht sie eine Genehmigung. Woher hat sie die? Ich glaube nicht, daß sie krank ist. Wer wollte ihr nicht ein paar zusätzliche Stunden Ruhe gönnen, sie hat viel zu tun in diesem Haus.

Diese freien Vormittage muß ich nutzen. Ich unterbreche meine sonstigen Gewohnheiten und gehe in die Stadt. Die Sonne scheint für alle, Alte und Junge, Eilige und Säumige, Traurige und Glückliche. Ich nehme mir die Muße, die Mädchen zu betrachten. Sie lachen und lassen ihre langen Haare im Wind wehen. Noch kann sich keine von ihnen vorstellen, daß je eine Wolke der Traurigkeit über ihre fröhlichen Augen streichen könnte. Wenn sie wüßten, die eng umschlungenen Liebespaare, was

ihnen noch bevorsteht. Sie sind um ihre Unbeküm-
mertheit zu beneiden, nicht aber um ihre Zukunft.

Heute früh bin ich an der Bibliothek vorbeige-
kommen. Es ist mir gut vertraut, das schwere Tor
mit den schmiedeeisernen Figuren, das Foyer mit
seinen wechselnden Ausstellungen, die Schließfä-
cher, die Garderobenfrau, die nie zu altern scheint,
die Kataloge und schließlich die langen Regalreihen
voll gesammelten menschlichen Wissens, an denen
Leute mit ernsten Gesichtern vorbeiziehen auf der
Suche nach Belehrung, Unterhaltung und Auskünf-
ten. Ich bin einfach zwei lachenden Studentinnen
gefolgt, die zielstrebig in den Lesesaal eilten.

„Ihre Lesekarte, bitte."

Ich hatte keine. Nicht mal den Personalausweis
konnte ich vorweisen. Die Studentinnen drehten
sich um und musterten mich kichernd. Vor einigen
Jahren war ich hier Stammgast. Die junge Bibliothe-
karin sah mich zum erstenmal. Meine Zeit lag vor
der ihrigen. Zwei verschiedene Generationen. Alle
Blicke richteten sich auf mich. Was will der Alte
hier ohne Lesekarte? Ohne Personalausweis kann er
sich nicht mal anmelden.

Ich zog den Kopf ein und ging.

Auf der Straße umfing mich die schützende An-
onymität. Nur ein alter Mann, nichts weiter. Vorbei
die Jahre, da ich im dunklen Anzug nach neuestem
Schnitt, mit korrekt gebundener Krawatte und in
Lackschuhen, mit gewichtiger Aktenmappe unterm
Arm die Straße auf kürzestem Wege überquerte, um

in ein Konferenzgebäude zu eilen oder, von dort kommend, von meinem Dienstwagen Besitz zu ergreifen. Auf dem Höhepunkt meiner Laufbahn, nachdem ich den Nationalpreis erhalten hatte, wartete dort ein Chauffeur. Manchmal schaue ich zum Parkplatz hinüber, ob dort nicht mein Fahrer auf meinen Nachfolger wartet. Vielleicht würde er mich nicht einmal erkennen. Längst trage ich im Alltag keinen Anzug mehr, sondern eine bequeme, weite Leinenhose und einen gemusterten Pullover, den Solveig gestrickt hat.

Mein Problem sind die Ampeln. Es ist ungewohnt, durch die Straßen zu spazieren ohne ein eiliges Ziel vor den Augen. Kein drückender Termin, keine wartenden Auditorien, keine laufbahnentscheidenden Staatssekretäre. Kein Zwang, die Worte für den nächsten Auftritt zurechtzulegen. Daher lasse ich die Gedanken schweifen, und erst das scharfe Bremsen eines Autos erinnert mich daran, daß Träumereien ein Luxus sind, die aber in der Großstadt lebensgefährlich sein können. Stets muß man die roten Lichter im Auge behalten, die einhaltgebietende Wirklichkeit.

Die Autofahrer fluchen, das ist normal. Mein Chauffeur hat in solchen Momenten auch geschimpft und ich ebenfalls. Ärgerlich, wenn irgendwer die schnelle Fahrt des Wagens unterbricht, ohnehin eilige Funktionäre in noch größere Zeitbedrängnis bringt. Der Fußgänger setzt die einzige Waffe ein, die jeder Fahrer respektiert, sein Recht auf körperliche Unversehrtheit. Betrete ich die Fahrbahn, nützt ihm grünes Ampellicht gar nichts. Also rauf auf die Bremse, wenn dir mein Leben lieb ist.

Ich hörte es deutlich scheppern. Der Wagen links von mir bremste rechtzeitig, nicht aber der Golf hinter ihm. Das Schnarren eingebeulten Blechs klang gemein. Erstaunlich, wie viele Leute bei einer solchen Gelegenheit in wenigen Sekunden an einem Ort zusammenströmen. Ich wurde umringt. Erregte Diskussionen schwirrten auf und ab. Die Fahrer der beiden Wagen besahen den Schaden mit Tränen in den Augen. Schimpfworte hallten durch die Luft. Galten sie wirklich mir? Schon war die Polizei zur Stelle. Der Volksauflauf verlor an Spontaneität, erhielt ein amtliches Gesicht. Der Zwischenfall kam zu den Akten. Jeder hat etwas gesehen, jeder hat etwas zu sagen. Der Normalbürger wird zum Zeugen. Ich schaffte es sogar vom Rentner zum Übeltäter.

„Der Alte da ist schuld."

Wer sonst. Ich ging bei Rot über die Straße. Jedes Vorschulkind weiß, daß es verboten ist. Zwei Uniformierte pflanzten sich vor mir auf. Ich werde ganz klein. Nicht mal irgendwelche Papiere kann ich vorweisen. Nach meinem Namen gefragt, antworte ich: „Professor Barthes."

„Warum nicht Doktor Brinkmann", witzelt jemand.

Man glaubt mir nicht. Ich darf Polizeiauto fahren, Rücksitzmitte, zwischen zwei Uniformierten.

Diese Rolle gefällt mir nicht. Auf der Wache setzen sie ein Protokoll auf. Sie lesen mir den Tathergang vor. Ich verstehe ihr Amtsdeutsch nicht. Es fällt mir schwer, mich zu konzentrieren. So sage ich zu allem ja und unterschreibe an der Stelle, auf die der Polizist seinen Finger legt. Ob ich versichert bin. Ich nehme es an, genau weiß ich es nicht, sie sollen Solveig fragen und mich in Ruhe lassen. Ich will nach Hause. Sonderbarerweise finden sie diesen Wunsch sehr vernünftig, sie laden mich in ihr Auto und fahren zu der Adresse, die ich ihnen nannte. Meine Tochter ist zu Hause. Es gibt wohl Ärger.

„Können Sie auf Ihren Vater nicht besser aufpassen?"

Sie machen ihr Vorwürfe. Es ist ungerecht. Es ist schließlich nicht ihre Schuld, es ist meine.

„Wie soll ich aufpassen, wenn ich unterrichten muß. Ich kann ihn doch nicht einsperren wie eine Katze."

Ich mische mich ein. „Bitte wenden Sie sich an mich selbst für alle Folgen des Unfalls. Meine Tochter kann nichts dafür."

„Sie könnten schon tot sein. Unverantwortlich, Sie allein herumlaufen zu lassen."

Moment mal, wieso habe ich kein Recht mehr, frei umherzugehen? Solveig, laß dir das nicht gefallen!

„Haben Sie ihn schon für ein Pflegeheim angemeldet?"

Nun reicht es. Ich will protestieren, doch sie

übersehen mich einfach. Sie reden auf Solveig ein und verwarnen sie an meiner Stelle.

„Solveig, warum hast du dir das gefallen lassen?" fragte ich, als sie fort waren.

Statt zu antworten, fing sie an zu weinen. „Vater, was ist nur mit deinem Kopf los?"

Mit meinem Kopf? Weil ich eine Ampel übersehen habe? Wem ist das noch nicht passiert? Daß der zweite Fahrer nicht rechtzeitig bremste, war Pech. Auffahrunfall, dafür kann ich nichts. Ich begreife auch nicht, warum ich so unkonzentriert war. Früher konnte ich an zehn Dinge gleichzeitig denken, und jedes erhielt seinen Platz zugewiesen. Heute schwirren alle Gedanken durcheinander wie in einem Wespennest. Die Ordnung geht verloren.

Außer meiner Tochter sehe ich niemanden mehr. Das gefällt mir nicht. Wo sind die anderen Leute geblieben? Das Telefon läutet nur noch selten, obwohl die Nummer im Telefonbuch steht. Vor Jahren wußten nur Eingeweihte davon, und dennoch klingelte es von früh bis abends. Heute schweigt der Apparat. Ich machte mir den Jux und wählte eine zufällige Zahlenfolge. Es meldete sich das Amt für Arbeit. Wahrscheinlich der einzige Gesprächspartner, mit dem ich nichts anfangen konnte. Oder sollte ich fragen, ob es irgendwo für einen emeritierten Professor, der sich langweilt, eine Pförtnerstelle gibt? Solveig würde verhindern, daß ich die Arbeit anträte, ich habe doch die Krankheit mit dem eigenartigen Namen.

Warum kommt kein Besuch? Hat sie alle ausgeladen aus Angst, ich könne mich seltsam verhalten? Ich fühle mich gut. Mit meinen Erfahrungen könnte ich manch jungem Fuchs einen passenden Rat geben. Früher kamen nicht nur Kollegen. Ihr Fernbleiben ließe sich noch am leichtesten erklären. Der ehemalige Chef ist schnell vergessen, von ihm hängt nichts mehr ab. Sie leiden an Gedächtnisschwund, nicht ich. Aber einst kamen auch Chemiker und Biologen aus anderen Städten, die meine Artikel gelesen hatten, Studenten, die ihre Examensarbeiten vorbereiteten oder nach einer Stelle suchten, Lektoren, die mich um Beiträge für ihre Zeitschriften bitten wollten. Wo sind sie alle?

Nur im Park will ich meine Ruhe haben. Ich strecke mich und genieße es, wenn die Sonne mein Gesicht streichelt. Aber gerade dort sprechen mich Leute an. Eine dicke Frau, die stets mit kleinen, aber sehr laut kläffenden Hunden auftritt (Pekinesen, ich habe mich informiert), hat mir innerhalb einer halben Stunde ihr ganzes banales Leben aufgetischt. Jeder zehnte Satz hieß: „Ich könnte Romane darüber schreiben." Eine hagere, vertrocknete Enddreißigerin schleuderte mir ihre Verachtung der Männerwelt ins Gesicht. Ein glatzköpfiger einstiger Kohlenträger, rotnäsiger Fuselkonsument, beklagte sich über die Geringfügigkeit seiner Einkünfte und bettelte um mein Mitgefühl.

„Warum kommt niemand uns besuchen?"

Solveig sah verlegen drein. „Genügt dir denn meine Gesellschaft nicht?"

„Aber früher kamen viel mehr Leute."

„Du hast dich immer darüber beschwert. Ich dachte, du freust dich, wenn du an deinem Lebensabend ein bißchen Ruhe hast."

Sie versprach mir für den nächsten Sonntag einen gemeinsamen Ausflug mit dem Auto.

„Du hast ein Auto? Seit wann?"

„Aber Vater, es ist dein eigenes, du hast es vor acht Jahren gekauft."

Na so etwas. Aber als Direktor muß ich wohl ein Auto gehabt haben. Ich erinnerte mich nur an den Dienstwagen. Hat Solveig eine Fahrerlaubnis? Ich schlich hinaus in den Garten. Dieser Schuppen, dient er als Garage? Ich sah hinein. Drinnen stand ein dunkelblauer Volvo. Nun erinnerte ich mich wieder. Er war mir aus dem Sonderkontingent angeboten worden. „Wir sind der Meinung, daß auch ein paar anständige Menschen einen Volvo fahren sollten", lautete die Begründung.

Anständig? Als ich Achim und Dietrich ihre Genetik ermöglichte, galt ich als mutig. Als Lyssenko als Scharlatan enlarvt, sein Name aus allen Lehrbüchern getilgt, der Mantel des Schweigens über ihn und seine Fehlleistungen gebreitet wurde, galt ich als anständig und vorausschauend. Vorausschauender als Dietrich Horn, der eine Woche vor Steinbergers Verhaftung in den Westen ging. In einem zurückgelassenen Brief gab er die Verunglimpfung des Mendelismus als Grund an, obwohl ich am Institut meine Hand über ihn gehalten hatte. Ich besaß wahrlich keine Veranlassung, ihn besonders zu mögen, aber er hatte sich immer an unsere Abmachung gehalten. Mein Geheimnis blieb gewahrt. Es gelang ihm nicht, zu forschen, ohne Aufsehen zu erregen, aber er forderte den Streit nicht heraus. Seit seinem Fortgehen habe ich nichts mehr von ihm gehört. Achim blieb noch ein paar Jahre und wechselte dann zur Universität. Bei uns ließ er sich nicht mehr blicken.

Seitdem ist meine Identität nicht mehr in Frage gestellt worden. Bei Unterschriften muß ich längst nicht mehr nachdenken, mein unleserliches Signum ist für mich fest mit dem Namen Barthes verschmolzen. Friedrich könnte stolz auf mich sein.

Dieser Kohlberg war mit einem Doktor Winkler hier. Ich weiß noch, wer Kohlberg ist. Auch Winkler kommt mir bekannt vor. Ich bin mir sicher, dieses glatte, runde Gesicht, diesen Prototyp unverbesserlichen Optimismus, schon einmal gesehen zu haben. Solveig servierte Tee. Andere Besucher wären mir lieber gewesen, aber ich wollte die beiden nicht verprellen. Jeder soll wissen, daß wir ein gastliches Haus zu führen verstehen. Obwohl, die Sache kam mir nicht geheuer vor. Zu deutlich stand ihnen eine bestimmte Absicht im Gesicht geschrieben. Ich durfte mich nicht überrumpeln lassen.

„Wie geht es dir, Friedrich?"

Kohlberg duzte mich. Hatte ich mich nicht schon neulich darüber gewundert?

„Ausgezeichnet. Wer bis ins Alter Sport treibt, dem bleibt das Siechtum der Inaktiven erspart."

Das habe ich gut gesagt. Gleich die Fronten klarstellen, zeigen, daß ich die Situation im Griff habe.

„Joggst du immer noch durch die Wiesen? Solveig sagte mir, daß du nur noch selten läufst."

„Das ist nicht wahr. Ich halte meinen Tagesplan genau ein. Wie will sie es beurteilen, wenn sie an vier Tagen in der Woche außer Haus ist?"

„Du benutzt dein Sportzeug kaum noch", mischte sich Solveig ein. Ich hatte in diesem Moment vergessen, daß sie neben mir saß. Schadet nichts, sie kann meine Meinung ruhig hören.

Ich wollte etwas Scharfes erwidern, da fiel mir ein, daß ich neulich erst zum Park spazierte, statt zu joggen, ganz entgegen meiner üblichen Planung. Ob ich mir solche Abweichungen öfter geleistet habe? Also vorsichtig antworten, keine Blöße geben.

„Einige Male bin ich in den letzten Wochen lieber in den Park gegangen. Das heißt nicht, daß ich den Sport aufgegeben habe."

„Und was macht die Wissenschaft?"

Wann kommen sie endlich zu ihrem Anliegen und hören auf, flache Konversation zu treiben? „Ich verfolge die aktuellen Zeitschriften."

Ob Solveig in ihnen geblättert hat? Ihr würde auffallen, daß ich kaum noch Anstreichungen mache.

Das ist nicht meine Schuld. Als ich regelmäßig zu Konferenzen fuhr, hörte ich von den Kollegen, welche Forschungen gerade am wichtigsten sind. Ohne diesen Kontakt stehe ich ratlos vor der Informationsfülle. Jeder Schreiberling hält seine Theorien für bedeutend. Wonach soll ich auswählen?

„Friedrich, du hast dich damals an mich wegen einer Computertomographie gewandt, weil dir Störungen in deinem Verhalten aufgefallen sind. Haben sich diese Probleme gegeben, oder hast du noch Beschwerden?"

„Nein, mir geht es gut. Keine Beschwerden."

Alles abwimmeln. Ich bin nicht verrückt.

„Und wie war das mit deinem Verkehrsunfall?"

„Was für ein Verkehrsunfall?"

„Vorgestern hat dich sogar die Polizei nach Hause gebracht", rief Solveig aufgeregt dazwischen. „Daran mußt du dich doch erinnern können."

Ach das. Daher weht also der Wind. Sie halten mich für gefährlich.

„Tut mir leid. Ich war in Gedanken und habe nicht auf die Ampel geachtet. Ich verstehe die ganze Aufregung nicht. Das kann auch einem Dreißigjährigen mal passieren. Nur daß dann kein Polizist auf die Idee käme, er wäre reif fürs Altersheim."

„Niemand will dich in ein Altersheim stecken", versuchte Kohlberg mich zu beruhigen. „Aber ich kann dir einiges verschreiben, um die Konzentrationsfähigkeit zu verbessern."

Ich wollte sofort widersprechen, unterließ es aber

rechtzeitig. Kein Anzeichen von Altersstarrsinn bieten. Erst einmal darauf eingehen und dann weitersehen.

„Das wäre vielleicht ganz nützlich."

Ich habe die grüne Kapsel gerade durchs Klo gespült. Sie sollen mich nicht unterschätzen. Ich kann auf mich selbst achten. Mag sein, das Mittel ist harmlos. Sie wissen nicht, daß ich meine eigenen Methoden habe, die Krankheit zu bekämpfen.

„Wir haben noch ein anderes Anliegen. Deswegen ist Doktor Winkler mitgekommen."

„Ich habe Sie gleich erkannt", sagte ich eifrig. Sie sahen mich erstaunt an. Natürlich, warum betone ich das so auffällig? Ich habe einen Fehler gemacht. Verlegen schüttelte ich ihm die Hand. Er sah fragend zu Kohlberg hinüber. War die Geste zu übertrieben?

„Du bist doch Wissenschaftler wie wir auch. All unsere Kraft dient der Erkenntnis."

Ich nickte.

„Wir wollten dich deshalb bitten, in deinem Testament dein Gehirn zur Analyse freizugeben. Wir hoffen natürlich, daß es noch Jahrzehnte dauern mag, bis es soweit ist", fügte er eine Spur zu eilig hinzu.

„Wozu?"

„Wir haben Aufnahmen mittels Computertomographie von dir. Es ist unbedingt notwendig, sie mit dem realen Objekt, deinem Gehirn also, zu vergleichen, um die Zuverlässigkeit dieser Methode zu testen. Und da du ein gesundes Gehirn hast . . ."

Das war es also. Von wegen gesundes Gehirn. Sie wollen ein Alzheimerhirn aufschneiden. Diese Krankheit kann erst nach dem Tode zweifelsfrei nachgewiesen werden, und dafür soll ich herhalten. Sie wollen sich an dem Anblick des Morbiden weiden, an verklumpten Neurofibrillen, an senilen Drusen und wie das ganze Zeug heißt, das für diese Krankheit typisch ist. Ich sehe sie schon vor mir, wie sie die Gehirnschale aufbrechen, die weißgraue Masse herausheben, nachdem sie die Verbindung zum Rückenmark durchtrennt haben. In schmale Scheiben zerschnitten, in Formaldehyd getaucht, sterilisiert die Gallertmasse, in der einst die Persönlichkeit Friedrich Barthes alias Hans-Dieter Konradt steckte, mit all ihren Geheimnissen, Eigenheiten und Listen. Nun ist alles offenbar, alle Verstecke bloßgelegt, alle verborgenen Winkel ans Tageslicht gezogen. Er ist vor ein Auto gerannt? Diese Druse links unten ist schuld. Er hat einen Kollegen nicht wiedererkannt? In diesem Abschnitt fehlen fünfhundert Nervenzellen. Jede Dummheit, jeder Ausrutscher findet seine Erklärung.

Kohlberg wird sich die Hände reiben. „Ach, schauen Sie, Kollege, genau wie wir es vorausgesagt haben, ein sehr schönes Exemplar, eine herrliche Senilität, klassischer Fall, das gibt eine wunderschöne Fallstudie, die Fachwelt wird staunen. Die Tomographie ist eine feine Sache, unsere Diagnose hat sich bestätigt, unser Ruhm wird ins unermeßliche steigen, internationale Kongresse winken, bald werden wir uns in Stockholm, Rom und London wie zu Hause fühlen. Die Kollegen werden bei uns Schlange stehen, wir liefern als einzige auf der Welt zweifelsfreie Diagnosen. Helfen können wir den Patienten freilich nicht, aber welch ein Triumph der Wissenschaft! Wir sind in der Lage vorherzusagen, was sie erwartet."

Ich bin ungerecht. Ich bin sogar gehässig, zugegeben. Warum rege ich mich auf? Mein Gehirn, sollen sie damit machen, was sie wollen. Nach meinem Tod spüre ich ohnehin nichts mehr. Es ist der Gedanke an den Triumph der Überlebenden, der mich wütend macht. Dabei habe ich selbst viele Leute überlebt. Einem davon verdanke ich sogar meinen Doktortitel und somit den Beginn meiner Laufbahn. Ich habe ihnen meinen Kopf versprochen, freiwillig, aber ich denke nicht daran, eine entsprechende Änderung in meinem Testament vorzunehmen. Sollen sie sehen, wie sie an mein Hirn herankommen. Ein bißchen Mühe will ich ihnen wenigstens bereiten, eine kleine postume Überraschung.

Ich bin ärgerlich. Die beiden Ärzte haben mich dazu gebracht, über meinen Tod nachzudenken. Das hat mir gerade noch gefehlt. Statt zu lesen, mich zu bilden, sitze ich in der Ecke und grüble. Der Tod geht mich nichts an, denn solange ich bin, ist er nicht, und wenn er da ist, bin ich nicht mehr. Das sagte zumindest Epikur, ein kluger Mann, und so habe ich bisher gelebt. Warum dann der Sport? könnte man fragen. Auf jeden Fall nicht, um das Leben zu verlängern. Die erreichbare Zahl der Jahre ist ohnehin genetisch vorgegeben, es sei denn, man ruiniert sich mit Alkohol und Nikotin vorzeitig. Man kann aber etwas dafür tun, um nicht die letzten dreißig Jahre dahinzusiechen, von Herzinfarkt zu Herzinfarkt zu stolpern, seine Tage nur noch nach Diäten, strengem Schlafregime und Rezepten zu gestalten. Das ist mir gelungen. Mein Kreislauf ist intakt wie in meiner besten Zeit.

Die Qualen meiner Frau waren furchtbar. Was für ein Ende nach Jahren voller Hoffnung. Zugegeben, der Tod ist der endgültige Sieg des Biologischen über das Soziale, aber muß es ausgerechnet Krebs sein? Lieber einschlafen, ohne aufzuwachen, oder plötzlich umfallen ohne Schmerz. Im Moment käme mir ein derart abruptes Ende allerdings äußerst ungelegen. Ich will noch einiges erleben. Ich möchte unbedingt nach Paris fahren, als Rentner habe ich die Möglichkeit, auch ohne Dienstauftrag. Es geht mir nicht so sehr um den Louvre oder Notre-Dame, das Institut Pasteur interessiert mich. Mag sein, es ist bloße Reiselust, die Sucht nach Abenteuer, das Lebensideal der Halbwüchsigen, in die späteren Jahre verlegt. Die Wünsche reichen stets über die letzten Möglichkeiten hinaus. Das Leben bleibt das Reich des Unvollendeten.

Ich sitze am Tonsee und schaue auf das klare Wasser hinaus. Er ist so transparent, daß man in einem Meter Tiefe noch die Fische sehen kann. Der

Grund ist leicht erklärt. Man muß von der Straße her mehrere Kilometer wandern, um ihn zu erreichen. Es gibt keine Zeltplätze, keine Bungalowsiedlung, keine Motorboote. Niemanden außer Solveig und mir. Es ist ein herrlicher Spätsommertag. Die Luft ist kühler als das Wasser, aber die Sonne scheint tapfer und spiegelt sich auf den Wellen. Die Libellen sind verschwunden.

Meine Tochter schwimmt irgendwo da draußen. Sie hat ihr Versprechen endlich wahr gemacht, den Volvo aus der Garage geholt und mich hinausgefahren. Wir lachten gemeinsam, die Spannung der vergangenen Wochen löste sich. Richtige Sonntagsstimmung. Den See kenne ich schon lange. Ich entdeckte ihn vor Jahren, Christa war noch bei mir. Die lange Wanderung konnte uns nicht abschrekken. Auch heute bin ich das ganze Stück gelaufen, ohne zu ermüden.

Woher kommt auf einmal dieses Glücksgefühl mitten in der Einsamkeit? Kann ein wenig Großstadtferne einen solchen Stimmungsumschwung bewirken? Das Wort vom friedlichen Lebensabend, hier macht es Sinn.

Die ruhigen Sonntage, früher waren sie selten. Warum habe ich mir die Zeit nicht genommen? Das Institut, nichts als das Institut im Kopf. Glaubte mich unentbehrlich. Heute zeigt es sich, daß es sehr wohl ohne mich auskommen kann, das Institut. Wenn ich siebzig werde, geben sie eine große Geburtstagsfeier für mich. Wieder Festreden, Umtrunk, ein Höhepunkt im Institutsleben. Wird alles nur eine Wiederholung sein, alles schon bekannt. Beim Fünfundsechzigsten hat man mich hinauskomplimentiert. Habe Platz gemacht für die Jüngeren. Diesmal wird alles ungefährlicher. Ich bin bereits zum Denkmal erstarrt, stehe da, ohne jemanden in irgendeiner Entscheidung zu stören. Alle können sich auf mich berufen, ich habe keine Möglichkeit, irgendwen zu widerlegen. Zur beliebigen Nachnutzung für jedermann freigegeben. Plündert mich, ich wehre mich nicht, ich bin friedlich wie die Sonne über unseren Köpfen. Aber man plündert mich nicht mal.

Solveig kommt zurück. Ihr Haarschopf nähert sich dem Ufer. Ich kann es nicht genau erkennen. Wo ist nur meine Fernsichtbrille? Das bekümmert mich am meisten: Die Ordnung der Dinge stimmt nicht mehr. Ich darf mich nicht auf sie konzentrieren, ich muß die Suche nach ihnen vergessen, dann kommen sie nach einer Weile von allein zurück, und zwar in einem Moment, da man es am wenigsten erwartet. Wie kann ich mein Gedächtnis trainieren? Ich muß weiter an meinen Erinnerungen schreiben, die ich lange vernachlässigt habe.

Horn und Lohmeyer, was für eine Geschichte! Sie erhielten grünes Licht für ihre Versuche und verschwanden mit geheimnisvollen Mienen in ihrem Labor. Sie bemühten sich ehrlich, diskret zu sein, aber vergeblich. In unserem kleinen Haus kam alles ans Licht, die Gerüchteküche arbeitete schnell. Wer machte sich in jener Zeit nicht verdächtig, wenn er Taufliegen bestellte? Ausgerechnet Taufliegen. Die berühmte Drosophila, an denen der Amerikaner Morgan in den zwanziger Jahren begann die erste Genkarte zu entwerfen. Diese Tiere eigneten sich besonders, weil ihre Speicheldrüsen ein einzelnes Riesenchromosom enthalten, das war leicht zu erforschen. Im Ausland suchte man nach dem genetischen Kode, der Sprache, in welcher das Leben selbst seine Informationen verschlüsselt. Auch der Streit um die Erbsubstanz war noch nicht endgültig entschieden. Handelte es sich um eine Gruppe von Eiweißen oder um jene spiralförmig gewundene Säure, die in allen Keimzellen gefunden wurde?

Die Kollegen waren entrüstet. Steinberger kündigte „weitergehende Schritte" an. Alles nur leere Worte, ungefährliche Luftblasen, aber ich an ihrer Stelle wäre ebenfalls entrüstet gewesen. Ich muß sagen, die Aufregung gefiel mir, eine nicht unwillkommene Unterbrechung der alltäglichen Langeweile. Es war ein Hasardspiel, immerhin ging es um meine Stellung als Institutsdirektor, ein spannendes Spiel enthält immer auch eine Spur von wirklicher Gefahr. Ich war jedoch der einzige, der keine Überzeugung verteidigen mußte. Mendel oder Lyssenko, das war mir egal. Anders die Genetiker, die den Ruf ihrer geächteten Disziplin retten wollten, anders meine Mitarbeiter, die mit Lyssenko die Überlegenheit der sowjetischen Wissenschaft zu verteidigen meinten. Die Einsätze waren ungleich verteilt, die Genetiker schienen auf verlorenem Posten, ihre Stärke war die Kenntnis meines Geheimnisses. Die Spielregeln waren allen bekannt. Es waren die Regeln der Institutshierarchie, die Abstufung der Machtverhältnisse, die man mit zeitweiligen Bündnissen und geschickt lancierten Intrigen erschüttern konnte. Beziehungen zu Ministerien und Parteien hintertrieben wirkungsvoll die Strategien der Gegenpartei und blieben schwer berechenbar.

Zunächst bauten die Gegner ihre Stellungen auf, verschanzten sich hinter ihren Befugnissen, um von dort aus die Fühler auszustrecken. Der erste Angriff, vorgetragen auf einer Dienstberatung, war leicht abzuwehren. Die Berufung auf den Marxismus zog bei mir nicht. Auch der französische Genetiker Monod hatte gegen den Faschismus gekämpft und trat der Kommunistischen Partei bei. Sagte nicht Lenin, die Wahrheit könne nur der Arbeiterklasse nützen? Also bitte, dann beweise man in der Forschung, wer recht hat. Die Genetik sei undialektisch, sie leugne die Entwicklungsfähigkeit des Lebens, rief Steinberger erregt. Es gebe eine Evolutionstheorie, sie zeige, wie durch gezielte Auslese zufälliger Mutationen Höherentwicklung möglich sei, entgegnete Horn. Mutig war er, nicht jeder Anfänger wagt, gestandenen Wissenschaftlern Paroli zu bieten. Der Darwinismus verherrliche das Wolfsgesetz des Kapitalismus, den Kampf aller gegen alle, schleuderte Steinberger den beiden Neulingen entgegen, schon Kropotkin, der bekannte, von Lenin hochgeschätzte russische Revolutionär, habe gezeigt, daß vielmehr in der Natur die Zusammenarbeit überwiege. Unterstützten die Vögel nicht einander beim Nestbau, statt im Kampf um Nahrungsquellen übereinander herzufallen? Wenn Hirsche um ein Weibchen stritten, achteten sie dann nicht sorgfältig darauf, einander mit ihren Geweihen nicht zu verletzen? Wo bleibe da der Kampf ums Dasein? Das Überleben der Tüchtigsten? Nicht zufällig sei die Selektionstheorie in England entstanden und populär geworden, sie sei den alten Aristokraten gerade recht gekommen, um mittels der Biologie die angebliche Überlegenheit ihres Blutes zu beweisen. Hätten die jungen Kollegen schon einmal darüber nachgedacht, warum in der deutschen Arbeiterklasse gerade der Verräter Kautsky es gewesen sei, der sich auf Darwin berufen habe? Habe Haeckel in der Selektionstheorie nicht eine Widerlegung aller sozialistischen Gleichheitsideen gesehen?

Nach diesem Feuerwerk konterte Horn ebenfalls mit ideologischen Argumenten. Habe sich der verehrte Kollege schon einmal überlegt, weshalb Marx in Darwin eine Bestätigung seiner eigenen Ideen auf dem Gebiet der Biologie sah?

„Das ist nicht wahr", fuhr Steinberger auf.

Ungerührt verwies Horn auf einen Brief an Engels, zitierte auswendig den genauen Wortlaut und nannte die exakte Quellenangabe. Ob nicht bekannt sei, daß Marx selber an Darwin geschrieben und ihm ein signiertes Exemplar seines „Kapitals" übersandt habe?

An dieser Stelle brach ich den Streit ab, da es längst nicht mehr um die Frage Lyssenko oder Mendel ging. Steinberger rief noch dazwischen, wenn die Wahl zwischen einem verdienten Kommunisten und einem katholischen Mönch, der sich zum Abt seines Klosters hochdiente, zu treffen sei, könne für keinen klassenbewußten Wissenschaftler das Ergebnis zweifelhaft sein. Aber damit war das Eröffnungsgefecht schon beendet. Ich ermahnte alle, an die Arbeit zu gehen und die Tatsachen sprechen zu lassen, aber jedem war klar, daß der größte Schlagabtausch, die entscheidende Schlacht, noch bevorstand.

Meine Aufzeichnungen sind ziemlich unsystematisch. Es ist mir nicht gelungen, ein folgerichtiges Abbild meines Lebens zu entwerfen. Es geht alles durcheinander, Vergangenheit und Gegenwart, Erlebnisse und nachträgliche Wertungen, eine Mixtur, die es schwer macht, der Wahrheit auf den Grund zu kommen. Das schlimme sind die Lücken. Ich habe ein paar herausragende Ereignisse beschrieben, aber es muß mehr geschehen sein in den vielen Jahren. Es gab Zeiten, da hatte ich das Gefühl, von Höhepunkt zu Höhepunkt zu eilen. Wo sind sie geblieben? Erweisen sich die Berggipfel angesichts ihrer Vielzahl nur als leichte Ausbuchtungen der Ebene?

Hat die Vergangenheit alle Unterschiede nivelliert? Oder ist das Gedächtnis der gleichmäßig fließende Strom, der alle Hervorhebungen verschlingt?

Nach jener Dienstberatung hatte ich den Krieg in meinen eigenen Reihen. Die Gegner wechselten die Taktik. Da der offene Schlagabtausch mit einem Remis endete, wählten die Parteien nun das verdeckte Vorgehen, statt der direkten Konfrontation den getarnten Umweg als Methode. (Heißt das griechische Wort „Methode" nicht auf deutsch Umweg?) Mich selbst wagte niemand anzugreifen. Zu bekannt waren die Erfolge des Instituts, zu deutlich wurden sie mit meinem Stil in Verbindung gebracht. Unsere laufenden Arbeiten waren zu wichtig, als daß irgendein Ministerium es gewagt hätte, einen Führungswechsel zu riskieren. Und im Hintergrund standen immer noch meine alten Gönner aus der Roten Armee. Gerade weil niemand genau wußte, wie stark dieser Rückhalt in Wirklichkeit war (ich selbst wußte es auch nicht), wagte kein Mensch, die Belastbarkeit dieser Stütze zu testen. Steinberger und vor allem Johans, der Forschungsdirektor, mußten gegen meine Schützlinge vorgehen, ohne mich selbst zu treffen. Das machte die Schwierigkeit ihres Vorgehens aus.

Was ist mit mir los? Seit mehreren Wochen habe ich nichts geschrieben, und das passiert mir nicht zum erstenmal. Alles um mich herum beunruhigt mich. Ich weiß nicht recht, was vorgeht. Die Zeitung gibt mir Rätsel auf. Wenn ich hineinblicke, habe ich ständig Déjà-vu-Erlebnisse. Mir ist, als läse ich jeden Tag dieselben Überschriften. Hat sich in den letzten zwanzig Jahren die Welt nicht verändert? In unserem Haus gehen neuerdings wieder Leute ein und aus. Sie reden leise und hektisch miteinander, und wenn ich den Raum betrete, verstummen sie, als hätte ich sie bei Verbotenem ertappt, oder sprechen von gleichgültigen Dingen. Einmal fragte ich Solveig, wer diese Leute sind. Sie lachte mich aus, ob ich nicht sähe, es wären ihre Schüler, sie machten Pläne für die nächste Klassenfahrt. Bilde ich mir alles nur ein? Wo ist eigentlich ihr Mann? Eine Frau in ihrem Alter muß doch einen Mann haben! Früher war einer da, ich erinnere mich genau.

„Aber Vater, ich bin seit drei Jahren geschieden! Du hast mich noch zum Gericht gefahren."

Das könnte stimmen. Wer soll sich da auskennen. So viele Dinge sind zu beachten. „Wahrscheinlich kann ich mir die Kleinigkeiten des Alltags schlecht merken", gab ich ihr zu bedenken.

Sie fing an zu weinen. „Und meinen Geburtstag hast du auch vergessen", schluchzte sie.

Das ist freilich unentschuldbar. Es ist unhöflich. Warum steht es nicht in meinem Kalender, wann meine Tochter Geburtstag hat? Und meine Frau? Bei näherem Nachdenken fällt mir ein, daß ich den Kalender seit längerem nicht mehr gesehen habe. Habe ich für dieses Jahr überhaupt einen besessen? Das Jahr ist fast zu Ende — und noch keinen Kalender! Ein Skandal ist das. Wenn ich nur wüßte, ob ich damals einen kaufte, dann könnte ich ihn finden. Wenn nicht, ginge es mir wie dem Mann, der in einem dunklen Raum eine schwarze Katze sucht, die nicht da ist. Ich muß Solveig nach ihrem Geburtstag fragen und ihn in mein Tagebuch eintragen. Überhaupt stelle ich fest, daß ich seit längerem kein Datum mehr über meine Aufzeichnungen gesetzt habe. Wie soll ich wissen, der Wievielte heute ist, wenn ich keinen Kalender habe? Ich brauche eine Uhr mit Datum (Idee für einen Wunsch zu Weihnachten). Wenn wenigstens die Zeitung von heute zu finden wäre! Aber Solveig trägt sie sofort in den Keller und nimmt sie zum Feueranzünden. Frühmorgens führt ihr erster Weg am Briefkasten vorbei in den Keller, wo der Ofen unserer Zentralheizung steht.

Steinberger. Ich weiß nicht mehr genau, in welcher Reihenfolge die Ereignisse über uns hereinbrachen. Wahrscheinlich fing es an mit dem Kolloquium zu Lyssenkos Geburtstag. Neunundzwanzigster September, ausgerechnet das habe ich mir gemerkt. Johans hatte es organisiert, Gäste aus verschiedenen Instituten eingeladen, ich konnte meine Zustimmung nicht verweigern, obwohl mir nichts Gutes schwante. Steinberger hielt das Hauptreferat. Mir fiel gleich auf, daß er auf jede wissenschaftliche Beweisführung verzichtete und statt dessen rein ideologisch argumentierte. Dahinter konnte nur die Absicht stehen, Horn und Lohmeyer zu Feinden der Arbeiterklasse zu stempeln und über höhere Instanzen ihre Entlassung oder noch Ärgeres zu erreichen.

Lyssenko habe mittels des Marxismus die Überlegenheit der sozialistischen Biologie bewiesen. Man nehme dagegen die Armseligkeit der imperialistischen Genetik, die die Dialektik leugne und den Zufall verabsolutiere. Behauptete Morgan nicht, in den sogenannten Genen seien die Erbinformationen in einer Reihe angeordnet wie Perlen auf einer Schnur? Wo blieben da die immanenten Widersprüche als Triebkräfte der Entwicklung, der Einheit und des Kampfes der Gegensätze? Steinberger reihte Argument an Argument, um zu zeigen, daß die Genetik undialektisch sei.

In der Diskussion sollte er eine Überraschung erleben. Ein Berliner Philosophieprofessor meldete sich zu Wort, durch seine Teilnahme am Widerstand gegen die Nazis über jeden Zweifel erhaben, ein alter Mann schon, der kurz und bündig erklärte, die Vererbung erworbener Eigenschaften sei Quatsch. Ob die Erbinformation in einer Reihe oder kreuzweise angeordnet sei, wäre der Dialektik völlig egal, und wer an seiner Fakultät die Behauptungen Lyssenkos unterstütze, der fliege.

Von Sachlichkeit konnte keine Rede mehr sein. Anspielungen, Diffamierungen und regelrechte Zornesausbrüche erbitterten die Gegner, von nun an fest entschlossen, der jeweils anderen Partei endgültig die Luft abzudrehen. Noch am selben Tag schrieb ich einen Bericht für den Minister, um allen Intrigen zuvorzukommen. Ich rechnete mit Untersuchungskommissionen, Befragungen und Disziplinarverfahren, aber seltsamerweise passierte gar nichts. Johans hatte einflußreiche Freunde, das wußte ich. Weshalb griffen sie nicht ein? Sollten die Lyssenkoanhänger aufgegeben haben? Ich durfte mich bald vom Gegenteil überzeugen. Sie griffen zu einer Waffe, mit der ich nicht gerechnet hatte. Die Ruhe vor dem Sturm war kurz. Ich hatte Steinberger unterschätzt.

Weihnachten ist vorbei. Draußen fällt der Schnee in großen, nassen Flocken. Sie schmelzen sofort, wenn sie den Erdboden erreichen. Es ist zu warm, gestern zeigte das Thermometer beinahe zehn Grad an. Vor einigen Tagen hielt sich der Schnee dagegen mehrere Stunden lang, er blieb den ganzen Tag und die folgende Nacht liegen, bevor er am Morgen taute.
„Ich gehe in den Park, Solveig", sagte ich vorhin.
„Vater, du kannst jetzt nicht hinausgehen. Ich gehe am Nachmittag mit dir gemeinsam."
„Weshalb? Ich fühle mich gut. Was spricht dagegen, in den Park zu gehen?"
„Vorgestern hast du dich verlaufen."
Vorgestern? Daran müßte ich mich erinnern. Sie denkt sich offenbar Märchen aus, um mich zu verunsichern. Neulich behauptete sie, ich wäre in Straßenschuhen zum Jogging gegangen. Wenn ich ihr diese Geschichten abnehme, bin ich verloren. Ich bin in

der Zwickmühle. Wehre ich mich, gelte ich als der starrköpfige Alte, der Traum und Wirklichkeit nicht auseinanderhalten kann, der seine Einbildungen für bare Münze nimmt. Mangelnde Kritik- und Urteilsfähigkeit, lautet die Diagnose, Alzheimersche Krankheit. Wenn ich schweige, erkenne ich ihre Erfindungen an, akzeptiere das Bild eines nicht mehr ganz Zurechnungsfähigen. Gleiche Diagnose. Ich biete zu viele Angriffsflächen. Der Alltag entgleitet mir. Wer für verrückt erklärt wird, hat keine Möglichkeit, die Umwelt vom Gegenteil zu überzeugen.

In Amerika meldeten sich einst einzelne Studenten in psychiatrischen Kliniken und behaupteten, sie hörten des öfteren Stimmen und verdächtige Geräusche. Daraufhin wurden sie zur stationären Behandlung aufgenommen. Sofort verhielten sie sich normal und versuchten, ihre Entlassung zu erreichen. In den meisten Fällen vergeblich. Jedes Verhalten, das draußen als normal galt, diente den Anstaltsärzten als Bestätigung ihrer Diagnose. Um entlassen zu werden, mußten die Studenten Eltern, Ehefrauen oder Rechtsanwälte bemühen.

Es ist nicht schlimm, daß ich im Haus bleiben muß. Hier ist es warm und behaglich. Meine Aufzeichnungen über die Anfangsjahre warten auf ihre Fortsetzung. Während mir die Gegenwart verwirrend und wenig ermutigend erscheint, sehe ich die fünfziger und sechziger Jahre in klarem Licht. Ich bin gern allein mit mir und den alten Zeiten. In meinem Schreibtisch ruhen die Papiere aus den Institutsjahren, eine unsortierte Chronik meines Berufslebens. Das meiste könnte verbrannt werden, aber vielleicht brauche ich sie noch, um die damaligen Ereignisse zu rekonstruieren. Ich denke durchaus nicht, daß mein Gedächtnis perfekt ist, aber es liefert eine Klammer, mit deren Hilfe aus Briefen, Akten, Mitschriften und Photos ein Ganzes entstehen kann, das man den Ablauf eines gewöhnlichen Lebens nennen könnte. Oder eines exzeptionellen? Zumindest einer erfolgreichen Laufbahn. Und dazu einige Einzelheiten, die in der Zeitungssprache Hintergrundinformationen heißen.

Hier habe ich zum Beispiel einen Brief von Johans. Es ging um Steinbergers Nachfolger. Lohmeyer hat die Stelle letztlich doch nicht bekommen. Das war der Grund, warum er bald von uns fortging. Anfang der sechziger Jahre hatte Lyssenko nochmals eine Renaissance. Doch das geschah später. Zuerst muß ich erzählen, wie Steinberger gegen Dietrich Horn vorging. Das war im Herbst 1953. Ich habe Solveig gefragt, was aus Johans geworden ist. Warum besucht er uns nicht? Sie sah mich erschrocken an. Johans sei seit fünfzehn Jahren tot. Das finde ich merkwürdig, wirklich sehr merkwürdig. Mir als Direktor hätte man das bestimmt mitgeteilt. Wahrscheinlich verwechselt sie ihn mit jemand anderem. Wie soll sie auch in diesen alten Geschichten den Überblick behalten. Ich müßte ihr mehr von früher erzählen, aber sie hört nicht zu, wenn ich rede, ist zerstreut und entschuldigt sich mit irgendeiner Besorgung. Sie hat es nicht einfach ohne Mann. Schlimme Zeiten. Wie soll eine junge Frau ohne eigene Familie zurechtkommen? Ich müßte ihr helfen. Wenigstens heizen könnte ich jeden Morgen. Ich werde es ihr anbieten. Ach nein, das geht nicht, das habe ich ja schon versucht. Sie weigert sich. Was soll diese Besorgnis meinetwegen, ich bin sehr rüstig. Ich habe den ganzen Tag Zeit. Im Moment ist es egal, aber wenn die Weihnachtsferien vorbei sind, muß ich sie entlasten. Ein Vater soll seinem Kind eine Stütze sein, keine Bürde.

In meiner Erinnerung klafft eine Lücke. Zwischen dem Kolloquium und der Aussprache mit Horn muß eine ganze Menge passiert sein, aber es fällt mir nicht ein. Sogar Protokolle müßten vorhanden sein. Aber wo? All die Jahre erschienen mir die Abläufe folgerichtig und notwendig. Eins ergab sich aus dem anderen. Jedermann handelte gemäß seinem Charakter und den Umständen, in die er geriet. Die Welt war ohne Geheimnis. Heute wundere ich mich, wo die einstige Klarheit geblieben ist. Im Grunde verstehe ich die Leute nicht mehr. Wozu die Kämpfe Steinbergers? Warum der Fanatismus Dietrich Horns? Die großen Entdeckungen haben andere gemacht. Im Westen konnte er nicht einmal in seinem Beruf arbeiten. Er wurde Lebensmitteltechniker, soviel ich weiß.

Wohin ist Wolfgang verschwunden? Sonntags hat er immer das Auto gewaschen. Ich vermisse den wirren Rhythmus seiner Schritte. Er konnte niemals ruhig sitzen bleiben. Lief ununterbrochen im Haus auf und ab. Hat sogar Solveig verrückt gemacht. Ein unruhiger Geist. Er sprach stets von den besseren Zeiten, die bald kommen würden. Weil er sie nicht erwarten konnte, fehlte ihm die Geduld, die nötig ist, um das Leben zu ertragen. Sammelte irgendwelche kuriosen Bücher, in denen er sich alle Stellen anstrich, die farbenfrohe Zukunftsbilder entwarfen. Mitte der siebziger Jahre: erste künstliche Regulierung des Wetters. Anfang der achtziger Jahre wird man jeden für geisteskrank erklären, der noch nach irgendwelchen Dingen Schlange steht.

Ich muß systematisch denken. Was hat er mit diesen Büchern gemacht, deren rosarote Phantasie er teilte? Natürlich, er hat sie mitgenommen. Ich sehe das Bild vor mir, blauer Möbelwagen im Nieselregen. Graue Holzkisten mit Geschirr, Kleidung, Büchern. Wolfgang mit finsterem Gesicht, Solveig heulend. Die Nässe auf ihrem Gesicht, Tränen oder Regenspuren? Wolfgang kann gar nicht mehr hier sein. Die beiden haben sich scheiden lassen. Mindestens vier Jahre muß das her sein. Damals arbeitete ich noch. Es war eine schwere Enttäuschung. Ich mochte ihn, ich fand, es war eine gute Wahl. Wenn nur diese Unruhe nicht gewesen wäre, die ihn umhertrieb ohne Ruhepunkt. Sie war in ihm, unausrottbar, ihn rettete auch kein Fortgehen zu einer anderen Frau. Solveig konnte ihm nicht helfen, sie war selbst nicht frei von Unduldsamkeit.

Das war noch nicht alles. Die Affäre mit Kohlberg. Wolfgang war selbst Arzt. Er hätte mich nicht für senil erklärt. Ich glaube, er war stolz auf seinen Schwiegervater. Kohlberg und er haben sich angeschrien. Der Fanatismus, die Rechthaberei. Keiner von ihnen konnte Christa retten. Ist es nicht müßig, hinterher über Fehler zu diskutieren? Wenn jemand schuld war an versäumten Reihenuntersuchungen, war es Christa selbst. Sie hatte Angst vor Ärzten.

Als meine Tochter nach Hause kam, habe ich sie nach Wolfgang gefragt. Eine völlig harmlose Frage, finde ich.

„Warum läßt er sich nicht mehr bei uns sehen? Er war im Grunde genommen ein guter Kerl."

Solveig fing an zu heulen, wie so oft in letzter Zeit. Was soll das nur? Ich muß doch fragen können.

„Vater, du hast ihn eigenhändig hinausgeworfen, weil er die Knoten unter Mutters Haut nicht entdeckt hat. Du wolltest sogar, daß Kohlberg ein Gutachten macht, um ihm das Handwerk zu legen, wie du es ausdrücktest."

„Wer hat dir das erzählt?"

„Du selbst, Vater."

Schon wieder ein Mißverständnis. Ich muß es nachprüfen. Fest steht, Wolfgang versuchte nicht, an meiner Zurechnungsfähigkeit zu zweifeln, wie gewisse andere Leute. Wieso hat Kohlberg das getan? Steckt er mit Solveig unter einer Decke? Aber warum, sie erbt ohnehin alles. Weshalb habe ich mich überhaupt von ihm untersuchen lassen? Mir fehlt doch nichts. Hat Solveig mich überredet? Ich bin gesund, außer daß es mir morgens manchmal schwerfällt, aufzustehen. Wenn ich mich ruckartig aufrichte, wie ich es aus früheren Jahren gewohnt bin, wird mir schwindlig. Gestern hatte ich im linken Arm einen merkwürdigen Schmerz. Nicht schlimm, aber er reichte vom Mittelfinger bis zur Schulter. Wahrscheinlich ganz normal im Alter. Kohlberg hat nichts gefunden, und jetzt behandeln sie mich wie einen Verrückten.

Ich habe das Gefühl, es fehlt etwas. Zum Beispiel, warum ich ein Tagebuch schreibe. Das habe ich früher nie getan. Ich wollte damit irgend etwas erreichen, aber was?

Die Alzheimersche Krankheit, das war es. Das Gedächtnis bewahren. Ich habe es selbst am Anfang geschrieben. Wenn man nur ein kleines Detail vergißt, kann der ganze Zusammenhang verlorengehen. Dieses Heft, was würde ich ohne es heute anfangen!

Zurück zu Horn. Ich bekam die Mitteilung von seiner ehemaligen Universität. „Wie wir von Ihrem Kollegen Dr. habil. Karl Steinberger erfuhren . . .", begann das Schreiben. Ich wußte daher von vornherein, woher der Wind wehte, aber das nützte mir nichts. Ich würde Horn eine unangenehme Stunde bereiten müssen.

„Sind Sie übergeschnappt? Wie können Sie mich

als Institutsdirektor in eine solche Situation bringen? Schließlich habe ich für Sie gebürgt. Sie hätten mir sofort die Wahrheit sagen müssen!"

Er stand da wie ein begossener Pudel.

„Erst setzen Sie mich unter Druck, und dann stellt sich heraus, daß vielmehr Sie es sind, der sich dringend eine blütenreine Weste zulegen müßte. Wissen Sie, was geschehen wird? Ich werde mich dafür verantworten müssen, daß ich Sie eingestellt habe. Wie soll ich Sie gegen Steinberger und Konsorten halten, wenn ich auf einem angesägten Stuhl sitze und Sie sich mit dem ganzen Gewicht Ihrer zweifelhaften Wissenschaft und Ihrer noch zweifelhafteren Person auf meinen Schoß setzen?"

„Ich hätte nie gedacht, daß sie versuchen würden, mich persönlich anzugreifen."

„Sind Sie wirklich so naiv? Warum haben Sie denn, verdammt noch mal, Ihre Diplomarbeit nicht verteidigt?"

Er schwieg.

„Sie hatten sie doch geschrieben, oder? Mann, so eine Verteidigung dauert nicht länger als eine halbe Stunde. Wollen Sie mir weismachen, Sie hätten sie nicht durchgestanden?"

„Mein Betreuer hatte zwei Monate zuvor einen schweren Unfall im Labor. Man vermutete Sabotage, das konnte aber nie nachgewiesen werden. Sein Stellvertreter, glühender Lyssenkoverehrer, hat das Amt übernommen. Er hat mir ein Gutachten geschrieben, mit dem ich keine Chance hatte."

„Wie haben Sie es nur geschafft, trotzdem das Diplom zu kriegen?"

„Ich habe meinen Betreuer im Krankenhaus besucht. Er wollte mir helfen und gab mir eine entsprechende Eintragung ins Studienbuch. Das habe ich in der Fakultät vorgelegt. Ich hatte ein bißchen Glück. Der neue Bereichsleiter hat die fehlende Diplomverteidigung einfach vergessen. Ich bemühte mich, ihm bis zum Abschluß nicht mehr unter die Augen zu treten."

Ich war wütend. „So etwas herauszufinden ist für Steinberger eine Kleinigkeit. Er hat das Gutachten gefunden und festgestellt, daß über Ihre Diplomverteidigung kein Protokoll existiert."

Horn konnte einem fast leid tun, so tief saß er in der Tinte.

„Das ist Betrug. Ihre Motive mögen noch so edel gewesen sein. Und er ist eindeutig nachweisbar. Damit haben Sie weder Ihrer geliebten Genetik noch sich selbst einen Dienst erwiesen. Und mir schon gar nicht. Ihr Freund Lohmeyer wird in Zukunft einen schweren Stand haben."

Lohmeyer war der einzige, der wirklich zu bedauern war. Ich versuchte, Horn einen halbwegs glimpflichen Abgang zu verschaffen. Die Sitten waren hart. „Bewährung in der sozialistischen Produktion" hieß damals die Allround-Medizin für gefallene Intellektuelle. Er wurde fristlos entlassen, erhielt die Auflage, fünf Jahre in einer Molkerei praktisch zu arbeiten und danach sein Diplom neu zu erwerben. Er hat sich diesem Spruch unterworfen. Erst 1958, nach Erhalt des Diploms, ging er in die Bundesrepublik. Eine Woche später wurde Steinberger verhaftet. (Das habe ich schon weiter vorn erzählt.)

Lohmeyer blieb bei uns, durfte sich aber nicht mehr mit Genetik beschäftigen. Er wurde sehr still, ein unauffälliger, introvertierter Kollege. Er machte sich so klein, daß er niemandem mehr eine Angriffsfläche bot. Willig erledigte er sämtliche Routineuntersuchungen, vor denen sich die übrigen Mitarbeiter mit Vorliebe drückten. Zum Schluß war er so ungefährlich, daß er sogar von Steinberger vergessen wurde. Nur als mein Chemiker in Handschellen abgeführt wurde, stand Lohmeyer breit grinsend am Fenster und winkte ihm hinterher, bis das Fahrzeug entschwunden war.

Gegenüber dieser bewegten Zeit wirkten die sechziger Jahre fast eintönig wie ein glatter, gerader Aufstieg zum Nationalpreis. Ein Reigen staatswichtiger Aufträge, kostspieliger Kongresse, zäher Papierkriege um Mitarbeiter, Planpositionen und Gerätschaften. Wachsender eigener Wohlstand. Das erste eigene Auto, der erste Auslandsurlaub, das Grundstück. Geburt der Tochter. Ein bißchen Trubel in der internationalen Politik, beobachtet aus der sicheren Perspektive einer Erfolgslaufbahn, die Gewißheit, den richtigen Weg eingeschlagen zu haben. Friedrich Barthes gehörte nicht zu denen, die vom Rad der Geschichte überrollt wurden. —

Merkwürdig, manchmal habe ich das Gefühl, daß mir mehrere Personen verlorengegangen sind. In meinem Heft habe ich nur von ganz wenigen gesprochen. Jedoch auf der Feier meines fünfundsechzigsten Geburtstages habe ich stundenlang Glückwünsche entgegengenommen. Diese vielen Leute, wo sind sie hin? Ich schließe die Augen und versuche, mir den großen Saal vorzustellen. Ich höre wieder das Stimmengewirr, und ein Gewimmel grauer Anzüge zieht an mir vorüber. Würdige Haltungen, steife Verbeugungen, höfliche Floskeln. Wohl erkenne ich die weißen Hemden, halbiert von roten oder schwarzgemusterten Krawatten, aber die Gesichter! Was ist mit den Gesichtern geschehen? Über den Anzügen müssen sich Lippen bewegt und Augen geglänzt haben. Ich kann mir durchaus die Köpfe hinzudenken, kein Anzug ohne Kopf. Aber sie gewinnen keine Individualität, kein Wiedererkennen findet statt. Wo ist das Glücksgefühl, das ich bei der Begegnung mit einem alten Freund empfand, wo der Ärger beim Anblick eines Schwätzers, das vorsichtige Lauern angesichts eines heimlichen Gegners oder die aufkeimende Wut beim süßlichen Lächeln eines hinterhältigen Intriganten? Alles vergessen?

Es ist so, als ob diese Leute, die einst mein Inneres füllten, sich im Laufe der Jahre in bloße Schablonen verwandelten. Hat vielleicht mit ihrem Verschwinden mein Sterben begonnen? Geht es zu Ende? —

Ich bestehe aus zwei Personen. Es gelingt mir nicht, eine davon zum Verstummen zu bringen. Meine Kindheitserlebnisse gehören Hans-Dieter Konradt, von den frühen Jahren Friedrich Barthes' weiß ich fast nichts. Hätte Horn mich ins Kreuzverhör genommen, wäre ich sehr schnell über meine Wissenslücken gestolpert. Von Barthes' Eltern ist mir gerade soviel bekannt, daß ich ohne Verlegenheit meinen Personalbogen ausfüllen konnte. Nach dem Krieg verschmolzen beide Personen zu einer einzigen. Nur der Geburtstag erinnert mich noch an mein Doppelspiel. Ich gelte als fast ein Jahr älter, als ich in Wirklichkeit bin.

Mein Tagebuch ist ein kariertes Heft mit rotgepunktetem Umschlag. Es kostete zweiundvierzig Pfennig. Ein lächerlicher Preis für ein ganzes Leben. Es enthält noch immer viele leere Seiten, und dennoch bemühe ich mich vergeblich, weitere wichtige Erinnerungen zu finden, die ich ihm anvertrauen könnte. Ist das schon alles, was von meinem Leben aufbewahrenswert war? Ich gehöre nicht zu jenen Leuten, die pausenlos behaupten, sie könnten dicke Romane schreiben, wenn es darum ginge, ihr Leben zu erzählen, die in Wahrheit aber mit nichts als hohler Geschwätzigkeit angefüllt sind wie damals die Frau im Park. Trotzdem, das bisher Aufgeschriebene scheint mir zuwenig zu sein. Folge eines Lebens, das von Ereignis zu Ereignis eilte, ohne über Abgelegtes zu reflektieren, ein Dasein in der Gegenwart. Wie soll ich da in der Lage sein, jene durchlebten und schnell vergessenen Erlebnisse wieder ans Tageslicht zu holen? So ist mein Bericht ein Zwitter, begonnen mit der Absicht, chronologisch die Erinnerungen festzuhalten, in Wahrheit ein Abbild meines Rentnerdaseins, nur hin und wieder von Rückblenden durchbrochen.

Ich erinnere mich an meinen ersten Winterurlaub, den ich über die Gewerkschaft erhielt, Anfang März, irgendwann zu Beginn der fünfziger Jahre. Die Zahl der Urlauber war noch gering, und fast alle kamen mit dem Zug. Autos waren selten und wurden noch bestaunt. Ich besaß keine Ski, hoffte jedoch auf die örtliche Ausleihstation. Der Urlaub verfehlte seinen Zweck, das Frühjahr hielt zeitiger Einzug als gewöhnlich, Regen fiel in Strömen und zersetzte den Schnee. Die Tropfen schlugen Trichter in die weiße Kruste, die langsam porös wurde und schließlich dahinschmolz. Die Vergeblichkeit seiner Urlaubsvorhaben wollte niemand eingestehen, daher zogen wir unsere Regenmäntel über und stapften tapfer durch den Schlamm. Die Nässe troff von den Bäumen, drang durch Nähte und Knopfleisten und setzte sich schließlich auf der bloßen Haut fest. Wir liefen schneller, verfielen beinahe in Dauerlauf, um uns aufzuwärmen, vergeblich. Der Atem und unsere Kleider dampften, die Kälte hatte sich festgesetzt. Ein verfehltes Unternehmen, genausogut hätte ich im Institut bleiben können mit dem beruhigenden Gefühl, die Tage auf nützliche Weise zu verbringen. Diese krampfhafte Suche nach aktiver Erholung war sinnlos. Ich hatte nun mal schlechtes Wetter erwischt, daran war nicht zu rütteln.

Gerade wollte ich umkehren, die ungemütliche Wanderung aufgeben und mich im Ferienheim verkriechen, um vielleicht einen heißen Tee zu trinken, ein Buch zu lesen (Fernsehen gab es noch nicht), als das Wunder geschah. Ich geriet in einen Fichtenwald, dessen Boden von einem Moosteppich bedeckt war, als ich auf einen Pilz trat. Zwar wußte ich, daß es nicht nur im Herbst Pilze gab, dennoch war ich überrascht. Es handelte sich um einen fleischigen Blätterpilz, grauhütig, dicke Lamellen, von der Feuchtigkeit frisch aus dem Boden getrieben. Er roch gut. Ich blickte wieder zu Boden und sah dicht daneben einen zweiten, dann einen dritten von derselben Sorte, und so ging es weiter. Der ganze Wald buchstäblich mit Pilzen übersät. Märzellerlinge! Gute, wohlschmeckende Speisepilze, die kaum jemand kennt. Ein seltener Fund. Ich rannte förmlich, erreichte außer Atem das Ferienheim, suchte alle Beutel hervor, deren ich habhaft werden konnte, eilte in den Wald zurück und begann mit der Ernte. Schwerbeladen traf ich bei Einbruch der Dämmerung im Heim ein und rief alle Leute herbei, mit denen ich in den ersten zwei Tagen schon Bekanntschaft geschlossen hatte. Sie musterten die Pilze mißtrauisch, ließen sich aber bald von meinem Enthusiasmus überzeugen, nachdem der Heimleiter die Güte der gefundenen Ellerlinge bestätigt hatte. Ein Putzen und Schmoren hub an, Getränke wurden herbeigeschafft, ein Radio fand sich, und ein Abendessen kam auf den Tisch, wie es während der Periode der Lebensmittelkarten einmalig war. Innerhalb weniger Stunden verwandelte sich die mißglückte Winterreise in ein Abenteuer, in das Fest einer neugegründeten sozialen Gemeinschaft, deren Solidarität das Wetter nicht zu brechen vermochte, der weder Schlamm noch Dauerregen noch karge Speisezettel etwas anhaben konnten.

Inzwischen bin ich oftmals mit der Harzer Kleinbahn diese Strecke gefahren, kenne Wernigerode, Drei Annen Hohne, Schierke und Elend wie vertraute Jugendfreunde, habe sogar den Brocken noch besucht, bevor er zum Niemandsland bestimmt wurde. Aber kein Urlaub ähnelte diesem ersten. Wunder haben die Eigenheit, einmalig zu sein.

Es ist wieder Anfang März. Hier im Flachland liegt um diese Zeit kein Schnee mehr. Man sagt, daß im Frühjahr der Wandertrieb erwacht. Ich weiß nicht, woher ich diesen Satz habe, aber er trifft zu, ich will hinaus. Einst hielt ich mich mehr in Labors und Verwaltungsräumen mit ihrem standardisierten Mobiliar auf. Mein eigenes Haus sah ich nur nachts. Fand ich einige Stunden Freizeit bei der Familie, war ich bereits in Ferienstimmung. Jetzt habe ich nur noch Freizeit. Ich fühle mich wie der berühmte Vogel im goldenen Käfig. Vater, tu dies nicht, tu das nicht, erhol dich, ruh dich aus, sieh dir einen

Film an, geh nicht allein auf die Straße. Will ich in den Park, besteht Solveig darauf, mich zu begleiten, sie faßt mich am Arm und ist sichtlich bemüht, freundlich und ruhig zu erscheinen. Sorgsam paßt sie ihre Schrittlänge meinem Tempo an. Ich wage nicht, mir ihre Fürsorge zu verbitten, sie meint es gut mit mir. Ich will ebenfalls freundlich sein, sie für ihre Mühe belohnen, aber es gelingt mir nur schlecht. Je mehr ich mich um Einsicht bemühe, desto ärgerlicher werde ich. Nicht über meine Tochter, sondern über mich selbst, weil es mir nicht gelingt, meine schlechte Laune zu meistern.

Dies kann nicht das Ende sein, ein mürrischer Alter, für den sich die nächsten Verwandten aufopfern müssen. Ich war schließlich nicht irgendwer, mein Leben war sinnvoll, auch wenn es auf einem geheimen Identitätswechsel aufbaute. Mir geht es nicht wie jenem berühmten Weisen, der von frühester Jugend an das Geheimnis des Lebens ergründen wollte. Nur wer dieses Geheimnis lüftet, erlangt die wahre Unsterblichkeit, glaubte er. Im Laufe der Jahre, die er fast ausschließlich in dunklen Kammern verbrachte, über Präparate und eigentümliche Substanzen gebeugt, deren Zusammensetzung er niemandem verriet, gelang es ihm, einige wichtige Einsichten zu gewinnen, für die er Anerkennung fand, die seinen Ruhm in der ganzen Welt verbreiteten. Gleichwohl, das Geheimnis des Lebens zu entdecken war ihm nicht vergönnt. Er wurde älter, sein Rücken krümmte sich. Kaum noch gönnte er sich einen Spaziergang im Freien, den zweckfreien Genuß der Natur, das Lachen der Frühlingssonne. Die Sterblichkeit, der Tod, sie blieben trotz aller Bemühungen Herrscher über sein Geschick. Wohl sicherten ihm seine Entdeckungen Nachruhm bis in alle Ewigkeit, die Unsterblichkeit in den Annalen der Wissenschaft, sein Körper jedoch konnte sich dem Kreislauf des Lebens, dessen Geheimnis er vergeblich zu lüften versuchte, nicht entziehen. So lag er eines Tages auf dem Sterbebett. Ärzte, die Mitglieder seiner Familie und seine erfolgreichsten Schüler umstanden ihn, um ihm den schweren Abschied zu erleichtern. Sein Sekretär hielt sich dezent im Hintergrund, Papier und Bleistift griffbereit, um die letzten Äußerungen des Meisters aufzuzeichnen.

Der Weise hatte die vergangenen Tage in einem kaum unterbrochenen Dämmerschlaf verbracht. Kurz vor dem Hinübergleiten in jene andere Welt, aus der es keine Rückkehr gibt, erwachte er nochmals für einen kurzen Moment, bäumte sich auf und rief mit aller Verachtung, deren er in seiner Schwäche noch fähig war: „Das Leben widert mich an!" Dann sank er nieder und verschied.

Dieser Satz, von seinem Sekretär getreulich aufgezeichnet, bildet den Abschluß seiner ledergebundenen, gesammelten Werke, die in allen großen Bibliotheken stehen, und hat einen Schwanz von Erläuterungsschriften nach sich gezogen. Noch heute rätseln seine Schüler, Biographen und Kommentatoren, worauf sich der Satz bezieht, auf des Meisters eigenes Leben oder auf das Leben im allgemeinen, dessen Geheimnis zu lüften ihm nicht gelungen war. Ich glaube, daß er auf beide verweist. Für einen echten Forscher ist das Leben eins mit der Suche nach dem Unbekannten, das ihn fasziniert. Anders als der Weise gebe ich keine Bankrotterklärung. Der Sinn meines Lebens, ich kenne ihn zwar nicht genau, aber er muß irgendwo auf den Seiten dieses Heftes zu finden sein. Vielleicht hätte der Meister das Geheimnis gefunden, wenn er weniger in Reagenzgläsern und mehr in sich selbst gesucht hätte.

# IV

Wie lange habe ich dieses Heft nicht mehr in der Hand gehabt! Als ich es soeben in meinem linken oberen Fach fand, wußte ich sofort, daß es etwas eminent Wichtiges enthielt, aber mir war entfallen, was es war. Ich begann darin zu lesen, und nach und nach trat die ganze schreckliche Wahrheit ans Licht. Ein Tagebuch, eingerichtet mit der Bestimmung, mein Gedächtnis zu bewahren, das selbst in Vergessenheit geriet. Ich sehe, daß die letzten Eintragungen allesamt kein Datum nennen, so daß nicht mehr feststellbar ist, wie lange es unerkannt zwischen meinen Papieren schlummerte. Die letzten Seiten sprechen von Anfang März. Der Abrißkalender neben meinem Fenster, den Solveig täglich auf den neuesten Stand bringt, zeigt den ersten Oktober. Also liegt wohl ein halbes Jahr zwischen der vorigen und der heutigen Niederschrift. Oder sind es anderthalb Jahre? Beinahe hätte ich meine Tochter gerufen, um sie danach zu fragen, aber glücklicherweise entschloß ich mich, zuerst in den alten Eintragungen zu lesen, und merkte, daß niemand von diesem Heft wissen darf. Ein zweites Gedächtnis! Welch hervorragende Idee! Ich kann es wirklich gebrauchen. Nun ist mir klar, warum Solveig mich ständig umsorgt und beobachtet. Sie hält mich für krank. Beim Lesen fällt mir auf, daß ich tatsächlich viele Einzelheiten vergessen habe, aber jetzt erinnere ich mich wieder. Meine frühere Arbeit zum Beispiel. Ich sah meine Anzüge im Schrank, konnte mich auch an mein Büro erinnern, aber womit ich mich beschäftigte, blieb unklar. In diesem Heft steht alles drin. Es ist schade, daß ich seit vielen Monaten nicht mehr im Institut war. Es ist schwer, die fachlichen Probleme zu begreifen. Die Zeitschriften, die jeden Monat pünktlich mit der Post kommen, lege ich bald wieder beiseite. Ich habe mich ertappt, daß ich nur noch ziellos in ihnen herumblättere und mir die Bilder ansehe. Ich habe bereits Probleme mit meinen eigenen Aufzeichnungen. Die Namen Lyssenko, Kropotkin und Mendel kann ich nicht genau zuordnen. Vor allem Lyssenko. Das muß ein schlimmer Bösewicht gewesen sein. Aber ich verstehe nicht ganz, was dieser Mann mir getan hat. Nicht einmal an sein Aussehen kann ich mich erinnern. Lebt er überhaupt noch? Ich muß Solveig fragen.

Immerhin bemerke ich diese Unstimmigkeiten. Mein Gedächtnis läßt nach, aber ich kann noch klar denken. Dieses Heft muß mir helfen. Beinahe wäre ich in der Dämmerung des ewigen Vergessens untergegangen. Meine Notizen kommen mir gerade recht, noch ist alles zu retten. Ich werde jeden Tag darin lesen und neue Erlebnisse hinzuschreiben. Die entschwundenen Erinnerungen will ich hervorholen. Am besten, ich setze mich hin und lerne auswendig, was in meinem Leben wichtig war. Ich weiß nicht, ob das schon einmal jemand getan hat: die eigene Vergangenheit neu erlernen wie eine Fremdsprache.

## 3. Oktober

Solveig kennt Lyssenko nicht. Sie hat versprochen, im Institut zu fragen. Gestern suchte sie ein Photoalbum heraus, das Bilder von damals enthält. Die meisten Gesichter sagen mir nichts. Es ist einfach zu lange her. Sie hat angefangen, Namen zu nennen. Was nützen mir Namen. Ich brauche die Geschichten dieser Personen. Wer weiß, ob sie überhaupt mit mir zu tun hatten. Was sagt schon ein Photo! Fünfzig Leute, in drei Reihen aufgebaut, auf irgendeinem Ausflug gruppiert, um eine Erinnerung zu schaffen, die mit wirklichem Erleben nichts zu tun hat. Solveig gab sich viel Mühe.

„Vater, das war dein Forschungsdirektor, Dieter Johans. Der Kleine mit der Fliege, dort in der Ecke, wurde sein Nachfolger. Erinnerst du dich nicht an Klaus Helmschmidt?"

Ich schüttelte den Kopf.

„Aber Steinberger mußt du doch noch kennen, diesen Hochgewachsenen mit dem stechenden Blick."

Der Name erinnerte mich an etwas. Hat er nicht einen Skandal ausgelöst? Aber bei wem? Zumindest war ich nicht selbst betroffen, ich war die ganze Zeit Direktor, ich bin nie abgelöst worden.

Die Familienbilder geben mehr her. „Wer ist denn die Kleine mit den abstehenden Zöpfen, die aussieht wie Pippi Langstrumpf?"

„Aber das bin doch ich!"

Solveig? Wer ist dann die Frau daneben?

„Meine Mutter. Deine Frau, Vater!"

Nicht weinen, Solveig. Christa natürlich. Als ob ich sie nicht kennen würde! Ich mag es nicht, wenn Solveig weint. Sie hat ihre Mutter verloren, das ist schlimm, aber das muß ein großes Mädchen verwinden können, deswegen kann man nicht ununterbrochen weinen. Der Mann auf dem Bootssteg neben Solveig, das muß wohl ich sein.

„Das ist Wolfgang. Das Photo hast du selbst gemacht, Vater."

Wie konnte ich uns verwechseln! Wolfgang ist also auch noch da. Ist er nicht Arzt? Mir fällt auf, ihn eine Weile nicht gesehen zu haben. Wann kommt er nach Hause?

„Überhaupt nicht mehr. Wir sind geschieden."

Stimmt, geschieden. Wer soll sich da noch auskennen. Früher blieb man ein Leben lang zusammen. Bis daß der Tod euch scheidet. Schade um Wolfgang.

„Wo ist Mutter geblieben?"

Solveig seufzte nur und schlug das Album zu. Warum gibt sie keine Antwort? Wir mißverstehen uns offenbar. Ich meinte ihre Mutter, nicht meine.

114

Meine ist schon lange tot. Es gab nur ein Photo. Ich war ein kleiner Junge. Sie hatten mir einen steifen schwarzen Anzug angezogen. Der Kragen rieb an meinem Hals. Mein Vater setzte eine feierliche Miene auf und führte mich an den massiven Eichensarg, an dessen einem Ende zwei Altarkerzen brannten.

„Nimm Abschied von deiner Mutter. Sie ist jetzt im Paradies."

Ich hatte davon gehört, wußte aber nichts dazu zu sagen. Wie sollte ich mir darin meine Mutter vorstellen? Ich stand stumm und strich mit der Hand verstohlen über die glänzenden Silberbeschläge. Mit dem Tod konnte ich nichts anfangen. Schmerzen, Tränen, Krankheiten, all das waren reale Dinge für mich, ebenso wie Sonnenstrahlen, Blumenduft oder der strenge Blick meines Vaters. Aber das Nichts, welche Vorstellung sollte ich damit verbinden?

*9. Oktober*

Keine Verkalkung. Das ist wichtig zu wissen. Nur mein Gedächtnis macht mir Sorgen. Die Erinnerungen zersplittern, ein unruhiger Fluß strömt durch meinen Kopf, ich drücke die Hand an die Schläfen, um ihm Einhalt zu gebieten. Es gelingt nicht. Es ist, als wenn ich ein Ruder in den Strudel halte und die

Kraft des Wassers übermächtig an meinen Armen reißt. Achtung, daß ich das Ruder nicht verliere, die letzte Orientierung, bevor der Wirbel das Boot herumreißt und ich nicht mehr weiß, wo rechts und links, wo oben und unten ist. Bilder treiben an meinen Augen vorüber, ich kann sie nicht zuordnen. Erst höre ich Schüsse, da liegt jemand in Uniform, er heißt Barthes und trägt nicht mein Gesicht, sondern ein fremdes. Dann die Stadt — schmale, winklige Straßen, der Unrat fließt durch die Gossen, während oben die kleinen, frischgeputzten Fenster das Sonnenlicht zurückwerfen. Die Häuser schmiegen sich aneinander wie Brautleute, schräg durch ihre Mauern treiben starke Balken, die spitzen Dächer grüßen herüber, die Wetterfahnen des Domes winken, sobald man hinaufschaut. Der Dom ist der Mittelpunkt der Stadt. Auf dem Hügel prunkt er geradezu mit seinem gezackten Stuckwerk und den schlanken Statuen. Ich gehe über den Domplatz und schaue auf die helle Liebfrauenkirche mit den vier gleichen Türmen. Welche Stadt ist das, doch plötzlich zerfällt das Bild vor meinen Augen, ich muß sie zusammenkneifen, derart blenden mich grelle Blitze und auflodernde Feuer. Die Ohren zuhalten, damit das Gedröhn nicht das Trommelfell zerreißt — die stolze Stadt zerbirst, zerbröckelt, das Krachen der Trümmer mischt sich in das Geheul der Sirenen, die Schreie der Frauen haben alle Menschlichkeit verloren. Wo sind die glänzenden Fensterscheiben geblieben, aus Mauerresten gähnen leere Rechtecke wie blinde Augen, geben das Licht eines fahlgelben Himmels frei, ich weiß, es ist Halberstadt, und die Suche nach der Vergangenheit war vergeblich.

Ich muß sie woanders finden, vielleicht im Ticken der Kaminuhr auf dem Sims, im langsamen Schlagen des Regulators über dem Vertiko, die Stube atmet muffige Behäbigkeit, selbstzufriedene Autorität, das Photo der strengblickenden Mutter ziert eine dunkle Schleife, und ich spüre die Angst. Der Vater muß gleich kommen, er wird die Lateinlektion abhören, ich kann mir die Konjugation nicht merken, amo amas amat, das ist leicht, aber es gibt so viele andere Zeiten, ich begreife kaum, was ein Konjunktiv ist, und da soll ich schon all seine Formen behalten. Ich fühle mich klein und schutzlos, ich falte meine schmalen Kinderhände und bitte Gott, mich vor der Schande und dem Rohrstock zu bewahren, aber der Herrgott hört nicht auf kleine Kinder. Warum nur, o warum nur! Die Zwecklosigkeit des Gebets bereitete meinen Abfall vom Glauben vor, dann kam der Krieg, eine einzige Kugel konnte in wenigen Sekunden die Anstrengungen jahrelanger klassischer Bildung hinwegfegen.

Auch diese Erinnerung hilft nicht, ich heiße nicht Barthes, sondern Konradt, ich bin ich und doch ein anderer, aber es bleibt ein Geheimnis, enthüllt nicht das letzte Rätsel meiner Existenz. Ich bin unruhig, hinter der Fassade muß noch ein anderer stecken, ich kann ihn nicht finden. Wo ist die Person, die mich gelenkt hat, aus zweien eine und aus einem zwei machte. Beginnt die Nacht des Geistes mit jener Verzweiflung? Ich schreibe, ich wühle in meinem Gedächtnis, will es ergreifen, entäußern, für alle Ewigkeit einfangen, bevor die Nacht kommt. Da ist die Angst, mich zu verlieren, die Sicherheit nicht mehr zu haben, die mich all die Jahre begleitet hat. Es ist furchtbar. Die Bilder gehorchen nicht mehr. Die ich suche, weigern sich zu erscheinen, dafür drängen sich andere vor, die mir unverständlich bleiben, deren Herkunft ich nicht kenne, die ich nicht sehen mag. Meine Augen sind trüb, es ist das Alter, sie blicken nicht mehr in der gewohnten Klarheit, sondern sind wie ein mit Spinnweben überzogener See. Kein einziges Wort hilft mir, den Schleier zu zerreißen, der sich über mein Ich breitet. Nebel, nichts als Nebel, und manchmal Bilder, die Angst verbreiten statt Hoffnung.

Gehen, ich sollte mich erheben und spazierengehen. Ich muß mich beschäftigen, mich ablenken vom Strom der Bilder, von der Angst, bei vollem Bewußtsein die Wirklichkeit zu verlieren.

*10. November*

Es ist kalt draußen. Ich darf nicht allein hinaus. Stets greift Solveig nach meinen Armen und läßt mich nicht aus den Augen. Schon die Vorbereitun-

118

gen sind nervenaufreibend. „Vater, dein Mantel, der Schal, vergiß die Handschuhe nicht." Sie macht mich so konfus, daß ich zum Schluß wirklich etwas vergesse. Als wir vor der Haustür standen, rief sie: „Vater, du hast deine Hausschuhe noch an!" Am liebsten wäre ich gleich in mein Zimmer zurückgegangen. Aber es ist gefährlich, sie allein fortzulassen. Gestern ging sie zum Einkaufen und schloß die Haustür ab. Ich wollte die Gelegenheit nutzen, den Stadtpark zu besuchen, und kam nicht hinaus. Kein Schlüssel zu finden. Sie muß meinen Schlüsselbund versteckt haben.

Ich wurde wütend, weiß selbst nicht, warum. Wer läßt sich gern einsperren! Ich rüttelte an der Klinke, die Tür gab nicht nach. Keine Ahnung, ob ich fluchte oder Gewalt anwendete, nur die Klinke brach plötzlich ab. Als ich anfing, gegen das Holz zu treten, kam Solveig. Sie schrie mich an, ich schrie zurück.

„Ich war nur einkaufen!"

„Ich lasse mich nicht einsperren!"

„Du hattest gesagt, du wolltest oben bleiben, deshalb habe ich abgeschlossen, damit niemand unbemerkt ins Haus gelangen kann."

„Und wo ist mein Schlüsselbund?"

„Am Brett neben der Tür."

Dort hing er tatsächlich. Ich kann mich nicht erinnern, bei uns je ein Schlüsselbrett gesehen zu haben. Warum erzählt sie mir von solchen Neuerungen nichts?

119

„Es wäre mir lieber, du würdest nicht allein hinausgehen."

Kann sie nicht verstehen, daß ich manchmal für mich sein möchte? Von früh bis abends die Tochter am Hals, wer soll das ertragen? So gehen wir die hundertmal gelaufenen Pfade. Es riecht nach Schnee, so klar und kalt ist die Luft. Noch ist die Zeit nicht gekommen, aber eine Ahnung davon streift die Gemüter der Leute. Sie ziehen die Köpfe zwischen die Schultern, verbergen Gesichter und Arme in der wohligen Hülle dicker Jacken und Mäntel.

„Hast du schon Lebkuchen gebacken?"

„Wieso Lebkuchen?"

Solveig weiß mit meiner Frage nichts anzufangen. Dabei ist es ganz einfach. Die Adventszeit kann nicht mehr weit sein, also müssen Lebkuchen gebakken werden. Aber der Vater wird ja nicht mehr gefragt. Die Jungen glauben alles besser zu wissen. In unserem Haushalt fallen Entscheidungen, von denen ich nichts erfahre, geschweige denn, daß ich um meine Meinung gefragt werde. Das behagt mir nicht.

Meine Tochter ist bei irgendeiner Freundin. Im Haus ist es still wie in einer Gruft. Dieses Schweigen stört mich auf einmal. Wenn Solveig nun nicht wiederkommt? Ich hätte keine Möglichkeit, sie zu finden. Immerhin, es gibt das Telefon. Auf dem gelben Buch finde ich einige mit Bleistift hingekritzelte

Nummern. Meine Schrift ist das nicht. Ich könnte anrufen und fragen, wann sie nach Hause kommt.

Nach der ersten Ziffernfolge meldete sich das Gaswerk. Das konnte es nicht sein. Ich entschuldigte mich. Was hat Solveig mit dem Gaswerk zu tun? Bei der nächsten Nummer meldete sich die Stadtbibliothek.

„Können Sie mir bitte die Einwohnerzahl von Schweden sagen?"

Aufgelegt. Ich weiß auch nicht, warum mir keine bessere Frage eingefallen ist. Dennoch, einfach aufzulegen. Schließlich habe ich „bitte" gesagt. Ich wählte weiter.

„Doktor Kohlberg."

Der Name erinnerte mich an etwas. „Ist Solveig Barthes bei Ihnen?"

„Bedaure, nein. Sie heißt übrigens seit sieben Jahren Landau. Wer spricht dort, bitte?"

Diesmal war ich es, der auflegte. Habe ich es nötig, mich über den Namen meiner Tochter belehren zu lassen?

Auf der letzten Nummer meldete sich das Institut für Hygiene und organische Chemie. Was hat sie mit denen zu tun? Haben wir etwa Ungeziefer im Haus? Sie kannten Solveig nicht und legten auf. In diesem Moment fiel mir ein, daß ich dort mal gearbeitet habe. Ich wählte ihre Nummer noch einmal.

„Ist Doktor Steinberger da?"

„Hier gibt es keinen Doktor Steinberger."

Ist das nicht merkwürdig? Weshalb läßt er sich

verleugnen? Ich muß Christa danach fragen, sie wußte schon immer über die heimlichen Sympathien und Antipathien besser Bescheid als ich. Aber sie ist auch weggegangen. Sie werden mich doch nicht vergessen haben? Ich will nicht allein im Haus bleiben. Ich habe Angst, irgendwo vergessen zu werden. Das war die Lieblingsstrafe meines Vaters, schlimmer als der Rohrstock. Hat mich mit irgendwelchen Strafaufgaben in die kleine Kammer eingeschlossen und ist fortgegangen, manchmal für viele Stunden. Ich blieb allein mit den Geräuschen, Schatten und Gespenstern aus Märchen, denen die Furcht beängstigende Realität verlieh.

An manchen Tagen ist Solveig sehr nett zu mir. Sie setzt sich neben mich, wenn der Fernseher läuft. Sie erklärt mir die modernen Filme, die ich nicht verstehe. Ich mag es, wenn sie meine Hand hält und von früher erzählt.

„Wir müssen Mutter mal besuchen", sagt sie.

„Wohnt sie denn nicht mehr hier?"

„Ach, Vater." Ihre Stimme klingt enttäuscht.

Wir steigen in den blauen Volvo. Ich erkenne ihn. „Wir wollen, daß auch anständige Menschen einen Volvo fahren", sagten sie zu mir. Diesmal sitzt Solveig am Lenkrad. Ich bin es zufrieden, ich kann aus dem Fenster schauen und brauche nicht auf den Verkehr zu achten. Die Fahrt ist sehr kurz. Wir halten vor einem ummauerten Gelände. Als wir durch das Tor gehen, erkenne ich den Friedhof.

„Hier liegt Mutter."

Ich nicke. Jetzt verstehe ich. Ich möchte sie trösten. Auf dem Stein steht Christas Name. Da kann man nichts machen. Plötzlich fühle ich mich sehr müde. Immer öfter habe ich das Bedürfnis nach einem Nickerchen. Ich wollte nur noch fort, drängte Solveig weiter.

Ich habe eine wichtige Entdeckung gemacht. Solveig vergißt manchmal, die Kellertür abzuschließen. So kann ich dem Gefängnis entkommen, auch wenn die Haustür versperrt ist. Der Weg hinter dem Garten führt in den kahlen Wald. Meine Sohlen knirschten über trockenem Laub und brüchigen Ästen. Die Jahreszeit ist ungünstig für die Singvögel. Nur zwei einsame Krähen flogen auf. Der Wald ist tot, er wartet auf den Winter, aber der beunruhigt ihn nicht, denn er weiß, dieser Zustand ist nur vorübergehend. Es ist gut, daß noch kein Schnee liegt. Schnee ist verräterisch, er bewahrt die Abdrücke der Schuhe. Er würde den Weg zeigen, den ich gegangen bin. Solveig wird mich suchen. Ich muß es klug anstellen, sagte ich mir, ich verlasse den Waldweg, breche links durch das Gestrüpp. Keiner wird mich finden.

Nach wenigen Minuten war der Wald zu Ende und verlief sich in den weitläufigen Furchen eines Stoppelfeldes. Der Boden war hart vom Nachtfrost, es war möglich, querfeldein zu laufen, ohne einzusinken. Vom anderen Ende blickten mir zwei einzelne Gebäude entgegen. Die Entfernung täuschte, es dauerte sehr lange, ehe ich dort ankam. Aber hier bin ich falsch, überlegte ich, so kann ich mein Haus nicht finden. Ich muß zurück. Das Feld gefiel mir nicht mehr, der Weg über die Stoppeln war weit und mühselig gewesen. Besser war es, der Straße zu folgen. Ich muß tun, was mir mein Gefühl eingibt. Der Weg entlang dem Straßengraben war öde, aber so kann man sich wenigstens nicht verlaufen.

Plötzlich bremste ein Auto neben mir. Ein dunkelhaariger Endvierziger steckte sein strahlendes Gesicht aus dem Wagenfenster. „Nanu, Herr Barthes, was machen Sie denn hier draußen?"

Ich kannte ihn nicht.

„Einen Spaziergang. Jetzt gehe ich nach Hause."

„Aber das ist genau die falsche Richtung. Kommen Sie, ich fahre Sie zurück."

Mein Vater sagte, man soll nicht zu Fremden ins Auto steigen. Doch der Fahrer sah vertrauenerweckend aus. Er schien mich zu kennen. Außerdem hatte mich die Wanderung wirklich ermüdet. Ich stieg ein. Er wendete und fuhr in die Richtung, aus der ich gekommen war. Es war gar nicht weit, vielleicht zwei Minuten.

„Ihr Haus, Herr Barthes."

„Ich heiße Konradt."

Er nickte. Ihm schien die Verwechslung gar nicht aufgefallen zu sein. Das Haus aber stimmte, es war meins. Zu dumm, ich hatte keinen Schlüssel, und auf mein Klingeln öffnete niemand. Wie bin ich nur herausgekommen? Im Garten war Solveig auch nicht. Ich setzte mich auf die Treppe und wartete.

Ich muß tatsächlich eingeschlafen sein, denn ich schreckte hoch, als dicht vor mir eine Frauenstimme rief: „Was machst du hier draußen?"

Es klang erschrocken. Ich blickte auf. Vor mir stand eine schlanke Frau, Mitte Dreißig, mit hochgestecktem dunklem Haar.

„Du wirst dich erkälten, Vater."

Jetzt erkannte ich Solveig.

„Was hast du mit deiner Frisur gemacht?"

„Ich trage mein Haar schon seit zwei Wochen so. Aber wie bist du nur hierhergekommen?"

„Durch den Keller."

In diesem Moment war es mir wieder eingefallen. Von meinem Spaziergang erzählte ich nichts. Ich will sie nicht beunruhigen, mag sie glauben, daß alles in Ordnung ist. Wenn ich nur wüßte, wer der Mann im Auto war!

Warum vermittelt sie mir ständig das Gefühl, ich würde Dinge tun, die nicht ganz üblich sind? Wie soll ich Veränderungen berücksichtigen, die sich hinter meinem Rücken vollziehen? Ich möchte sie fragen, doch dann sieht sie mich mit diesem Blick an, der eine Mischung von Verdruß und Mitleid ausstrahlt, und ich ziehe es vor zu schweigen.

Auf dem Nähkasten neben dem Fernseher hat sie das Buch liegengelassen, in dem sie gerade liest. „Altern" von einem Walter Vogt, sie liest es wohl meinetwegen. Beim Durchblättern fand ich eine Stelle, die sie angestrichen hat. „Denn die Zukunft ist das Grab, vor dem Grab die Enthirnung, vor der Enthirnung die einfache Senilität – Vergeßlichkeit, Impotenz, Kälte der Hände, der Füße, der menschlichen Beziehungen . . .“

Ich las nicht weiter. Das ist die Art und Weise, wie sie ihren Vater sieht! Es ist zu ärgerlich, am liebsten möchte ich diesen Gedanken verdrängen. So schnell kann man in den Ruf gelangen, verrückt zu werden. Jedes Mißgeschick artet in Geisteskrankheit aus, wenn man altert. In Wahrheit bleiben die Dinge unklar. Die Jungen sehen die Welt anders als wir, das ist es. Nun haben sie die Macht und können ihr Weltbild durchsetzen. Die Rente ist ein Almosen, eine Belohnung für den Verzicht auf Mitsprache.

Als Solveig mittags nach Haus kam, hielt ich ihr den Wäschezettel hin. Sie tat sehr verwundert.

„Wie kommst du zu der Wäscherechnung?“

„Da kam eine Karte mit der Post. Es soll die Wäsche abgeholt werden.“

„Und? Wo ist sie?“

Ich gebe zu, ich verstehe es nicht. Als die Post kam, dachte ich noch: Du mußt Solveig unbedingt diese Karte geben. Wenn die Wäsche nicht rechtzeitig abgeholt wird, müssen Lagergebühren bezahlt werden. So stand es auf der Rückseite in dem Kleingedruckten. Und nun hielt ich auf einmal eine Rechnung in den Händen. Sehr merkwürdig.

„Vielleicht ist es eine alte Rechnung?" fragte ich vorsichtig.

„Nein, sie ist von heute." Solveig war ärgerlich, aber was konnte ich dafür. „Warst du heute spazieren?"

„Nein, die Haustür war abgeschlossen." Ich erinnerte mich in diesem Augenblick genau, wie ich versuchte, die Eingangstür zu öffnen, leider ohne Erfolg.

Solveig glaubte mir nicht. Sie warf ärgerlich ihren Mantel über und eilte ohne Gruß davon. Zehn Minuten später kam sie mit dem Wäschepaket zurück.

„Also war es doch eine alte Rechnung", sagte ich erleichtert, „ich verstehe bloß nicht, wo die Karte geblieben ist."

„Du hast sie hingebracht, Vater, und bist gegangen, als sie die Wäsche von hinten holen gingen." Solveig winkte ab, als ich sie weiter fragen wollte, und begann das Paket aufzuschnüren.

Sie würdigte mich keines Blickes mehr. Das ist unfair. Was sollte ich mit ihrer Erklärung anfangen? Wo soll ich die Karte hingebracht haben? In diesem Moment fiel mir auf, wie angestrengt sie sich mit der Paketschnur abmühte. Sie hatte ihre Stirn in strenge Falten gelegt. Bemerke ich zu selten, wie schwer es Solveig hat? Die Schule, der Haushalt, wird das nicht zuviel für sie? Wo ist ihr Mann? Er ist Arzt, ich weiß es genau. Heißt er nicht Kohlberg, Wolfgang Kohlberg? Oder Winkler? Ich müßte mich bei ihr erkundigen. Aber ich glaube, ich habe sie schon einmal gefragt, und da wurde sie traurig. Also schweige ich lieber.

Seit Wochen liegt Schnee draußen. Ich langweile mich. Das Haus ist abgeschlossen, auch die Kellertür. Spazierengehen im Frost macht keinen Spaß. Die Heizung dagegen ist warm. Ich habe die Füße zwischen die Metallrippen gesteckt, aber es hilft nicht. Sie wollen sich nicht erwärmen.

Ich habe dieses Heft gefunden und schreibe darin. Eigentlich gibt es nichts zu berichten. Aber schreiben ist das einzige, was ich tun kann, bevor das Fernsehprogramm beginnt. Neben mir habe ich den Duden liegen. Des öfteren muß ich nachschlagen. Jetzt weiß ich wieder, wie „Programm" geschrieben wird, mit zwei „m" nämlich. „Nämlich" ohne „h". Es ist wichtig, daß die Wörter bleiben. Neulich erst mußte ich fragen, wie das Ding heißt, das einem der Arzt auf die Brust setzt. Er horcht damit die Herztöne ab. Solveig hat mir den Namen verraten, aber ich habe es schon wieder vergessen. Ich sollte mir solche Sachen aufschreiben. Einmal las ich in einem Roman, wie die Einwohner eines Dorfes an allen Gegenständen Zettel befestigten, um deren Namen zu bewahren. Ich weiß nicht mehr, ob diese Methode geholfen hat.

Wenn ich in den Spiegel schaue, sehe ich nur ein alterndes Gesicht. Die Falten am Hals sind schrecklich, es ist, als ob man an Auszehrung leidet. Ein deprimierender Anblick. Mein Gesicht bleibt stumm, ich kann nichts herauslesen an Vergangenheit und Charakter. Ich erblicke eine graue, trockene Haut und glanzlose Augen. Auswechselbar. Es sind die Wörter, aus denen der Mensch besteht, verbunden zu Geschichten. Meine Geschichten stehen in diesem Heft. Wenn ich jedoch darin blättere, langweilen sie mich. Das will vielleicht nichts besagen, weil Geschichten genauso altern wie ihre Erzähler. Früher fand ich sie spannend. Aber nun haben sie ihre Kraft verloren wie die Flocken, die sich auf dem Fußweg zu einer weißgrauen Masse verklumpt haben und geduldig auf ihr gemeinsames Ende warten.

Nichts als Wortgeklingel. Kein gleichbleibender Rhythmus, keine Sinnbezüge. Die Gestalten hinter der Glasscheibe bewegen sich hektisch. Ihnen fehlt die Zeit, irgend etwas zu erklären. Es sind vor allem zuviel Personen. Ständig wechseln sie die Räume, jagen durch die Städte, zerstören die Gespräche. Sie tauschen zwei, drei Sätze aus und trennen sich wieder. Ein Auto kurvt über eine Gebirgsstraße. Das Tempo ist mörderisch. Dahinter ein anderes, nicht weniger gefährlich. Sie spielen Fangen, aber das kann schiefgehen. Dieses Spiel verstehe ich, meine Aufmerksamkeit ist geweckt. Wer wird gewinnen? Plötzlich ist der Berg weg, statt dessen ein Büro, in dem zwei Männer sich anbrüllen. Ich habe auch mal in einem solchen Büro gesessen, aber bei welcher Gelegenheit? Mag sein, es fällt mir später noch ein.

Ich habe den Apparat ausgeschaltet und versuche

zu lesen. In den Regalen stehen jede Menge Bücher. Wer mag die alle gekauft haben? Ich nahm eins von den broschürten, mit den ockerfarbenen Rücken. „Allgemeine Biologie" steht drauf. Ich muß es schon mal gelesen haben, denn es sind viele Anstreichungen darin und Notizen. Ganz deutlich erkenne ich meine Schrift, habe aber Mühe, sie zu entziffern. Was ist ein Operon? In meinem Duden steht es nicht drin. Die Erklärungen erscheinen mir sehr kompliziert. Viele Wörter kenne ich nicht. Ich bin zu lange aus der Übung, das ist es. Die Wissenschaft verlangt täglich Zuwendung, sonst entzieht sie sich unserem Verständnis. Sie ist ein verwöhntes Kind, sie gibt sich nur dem hin, der bereit ist, täglich ihre Launen zu ertragen, ihre Ansprüche zu erfüllen.

Eine Schallplatte. Ich sehe es gern, wenn Solveig am Plattenspieler steht. Es ist ein kleines magisches Ritual, eine Vorahnung kommenden Genusses. Sie kniet vor dem Schrank nieder und zieht zielsicher aus einer Vielzahl gleichartiger schmaler senkrechter Linien die eine heraus, die sich als Umhüllung einer ganz bestimmten, wunderbaren Musik entpuppt. Mit abgespreiztem Daumen fängt sie die runde Scheibe auf, die ihre linke Hand aus der Hülle gleiten läßt, nimmt sie leicht zwischen beide Handflächen, ohne die schwarze Fläche selbst zu berühren, und legt sie vorsichtig auf den flachen Teller. Zwei Knopfdrücke, ein Absenken der Plasthaube, und schon bewegt sich der Schlangenarm nach links und läßt sich vorsichtig auf dem Rand der sich in leichten Wellen drehenden Scheibe nieder. Nun kann ich die Augen schließen und die Töne durch mich hindurchströmen lassen.

Der Komponist heißt Mendelssohn. Sein Name erinnert mich an etwas. Das Wort Mendelismus fällt mir ein. Es war ein Schimpfwort, soviel ist gewiß, es ist aber schon lange außer Gebrauch. Heute sind andere üblich, Rowdytum zum Beispiel. Wenn ich diese Musik höre, wundere ich mich, wie man jemals dagegen sein konnte. Diese Violinen! Ich frage Solveig: „Welches sind die größeren Instrumente, die Violinen oder die Geigen?"

„Das ist dasselbe. Was du meinst, sind Bratschen."

Ein komisches Wort. Hat es wirklich mit Musik zu tun? Es ist nicht verwunderlich, daß es zu Verwechslungen kommt, wenn zwei verschiedene Wörter dasselbe bezeichnen. Es heißt „Konzert für Violine und Orchester" und „Geigenvirtuose". Wer soll ahnen, daß beide Male von demselben Instrument die Rede ist?

Meine Hände zittern noch vor Erregung. Diese Frau läßt mich meinen Kaffee nicht selbst eingießen. Wurde wütend, wollte ihr die Kanne entreißen. Es hat nichts genützt, sie war schneller. Gemein, die körperliche Überlegenheit gegenüber einem alten Mann auszunützen. Es gab nur einen großen Fleck auf der Tischdecke. Kaffeeflecke lassen sich nur schwer auswaschen. Aber sie ist selbst schuld. Mein Kaffee ist meine Angelegenheit. Meine Arme sind nicht mehr so sicher wie einst, aber ich bin noch rüstig genug, um für mich selbst zu sorgen. Ich bin schließlich in meinem eigenen Haus. Wohne hier.

Schlimmer Tag gewesen heute. Ich saß an meinem Schreibtisch und versuchte zu lesen, konnte mich aber nicht konzentrieren. Plötzlich hörte ich ein unangenehmes Hämmern. Starkes Klopfen auf einen hohlen Gegenstand aus Metall, so hörte es sich an. Ging hinunter und sah einen fremden Mann im Bad. Ein Einbruch, fuhr es mir durch den Kopf. Wo war Solveig? Wie ist er hier hereingekommen? Ich näherte mich vorsichtig, aber er hatte mich schon bemerkt. Zu spät, mich zu verstecken. Ein vierschrötiger Kerl in blauer Montur blickte mir entgegen. Ich war mir sicher, ihn nie zuvor gesehen zu haben. Eine Spur zu freundlich und zu eilfertig versicherte er mir, er sei der Klempner. Der Trick war zu abgegriffen, als daß ich darauf hereingefallen wäre. Das kann man mit einem jungen Fräulein machen, das noch grün hinter den Ohren ist, aber nicht mit einem alten Mann wie mir. Aber was sollte ich tun, der Einbrecher war garantiert schneller und kräftiger als ich. Seine Zange mochte ich nicht über den Schädel kriegen. Ich tat so, als glaubte ich ihm. Er schien etwas Bestimmtes zu suchen. Von unserem Geld und Solveigs Schmuck hatte er offenbar noch nichts gefunden. Vielleicht bleibt mir genug

Zeit, dachte ich. Ich rief Solveig in der Schule an (woher wußte ich auf einmal die Nummer?) und sagte, sie solle augenblicklich nach Hause kommen. Sie wollte zuerst fragen, warum, aber sie muß an der Erregung in meiner Stimme gespürt haben, daß etwas Schlimmes im Gange war. Sie komme sofort, sagte sie. Jetzt sitze ich hier und schreibe alles auf, damit die Polizei Anhaltspunkte hat, falls mir etwas zustößt. Ich bemühe mich, ruhig zu bleiben, aber ich habe wirklich Angst. Der Mann rumort unten weiter. Hoffentlich kommt sie, bevor er weg ist. Zu zweit werden wir ihn schon in die Mangel nehmen. Für die Polizei: Er ist etwa fünf Zentimeter größer als ich, hat kurzes blondes Stoppelhaar, kräftiger Körperbau, Leberfleck auf der linken Oberlippe. Hat einen kleinen Ring im linken Ohr. Schwarze Werkzeugtasche und blaue Montur, gibt sich als Klempner aus. Hoffe, das genügt. Beschreibung ist nicht meine Stärke.

Solveig behauptet, es wäre wirklich der Klempner. Sie hätte ihn selbst noch hereingelassen, bevor sie zur Schule ging, und mir Bescheid gesagt. Ich begreife nicht, warum sie so ärgerlich ist, die Schule wird auch mal eine Stunde auf sie verzichten können. Wie konnte sie einen Fremden in der Wohnung allein lassen? War es falsch, vorsichtig zu sein? Sie ahnt nicht, wie raffiniert manche Leute heutzutage vorgehen, um sich zu bereichern.

Ich werde ein Bad nehmen. Will sehen, wie die

neue Mischbatterie funktioniert. Vielleicht habe ich dem Mann unrecht getan, mag sein. Wäre es nicht meine Sache gewesen, den Klempner zu bestellen? Statt mir Bescheid zu sagen, handelte sie auf eigene Faust. Das muß aufhören.

Zwei Männer waren da. Ich kenne sie nicht, auch wenn sie das Gegenteil behaupten. Solveig hat sie mir vorgestellt, doch ich habe die Namen gleich wieder vergessen. Die Atmosphäre hatte etwas gewollt Lustiges, ein krampfhaftes Suchen nach Zwanglosigkeit, das in sein Gegenteil umschlug. Ich habe diese unechte Vertraulichkeit gleich durchschaut. Kommt nichts bei heraus, wenn ich nicht will. Ich ließ sie abblitzen. Ich mag keine Fremden in diesem Haus. Es hat so lange niemand nach mir gefragt, daß es nun keinen Sinn mehr hat, Anspielungen auf frühere Kollegialität von sich zu geben. Sie verwechseln mich augenscheinlich. Ich werde in diesem Jahr noch nicht siebzig, also brauchen sie auch kein Festkolloquium zu meinen Ehren zu veranstalten. Friedrich Barthes war ein alter Freund von mir, der schon lange tot ist. Er braucht keine Feier mehr. Was haben sie mit seinem Namen zu schaffen? Auf diese Frage schweigen sie betreten. Also beim Schwindeln ertappt. Man soll alte Männer nicht unterschätzen. Weiß bloß nicht, wozu das ganze Theater. Als nächstes sprachen sie von Biotechnologie (komisches Wort!) und dem Institut. Es interessiert mich nicht. Hat das nicht mit Hefeproduktion zu tun? Ich trinke schon lange kein Bier mehr. „Hat mir der Arzt untersagt", rief ich hämisch. Sie sahen mich ziemlich entgeistert an. Ja, mit solch billigen Ködern bin ich nicht zu fangen, ich nicht. Fragte mich nur, warum Solveig nicht eingriff und sie hinauswarf. Mußte ich daher selbst tun.

„Sehen Sie, meine Herren, diese ganze Entwicklung geht mich nichts an. Ich trinke kein Bier, brauche deshalb auch kein Festkolloquium. Ein kleiner Umtrunk gehört dazu, versteht sich. Aber ohne mich. Ich muß auf meine Gesundheit achten. Trinken Sie Ihr Bier allein. Doch Sie können gern auf mein Wohl anstoßen. Bin dem nicht abgeneigt." Haben sie gemerkt, wie gut ich die Kurve gekriegt habe? „Ich wünsche Ihnen eine schöne Feier. Wenn ich Ihnen unsere Kaufhalle empfehlen darf? Dort bekommen Sie alle Sorten Bier in beliebiger Menge. Und das Personal ist sehr freundlich. Es gibt dort eine junge Verkäuferin, die mich immer grüßt. Sehr aufmerksam. Sie wird Ihnen bestätigen, daß ich niemals Bier einkaufe. Wenn Sie mich jetzt bitte entschuldigen wollen. Die Arbeit wartet. Das Hausmädchen wird sie hinausbegleiten. Guten Abend, die Herren."

Ich stand auf und ging nach oben, um dieses Gespräch gleich niederzuschreiben. Ich finde, diese Rede ist mir ganz gut gelungen. Ich ließ die Tür einen Spalt offen. So konnte ich hören, wie sich Solveig bei ihnen entschuldigte. Ich sei manchmal ein wenig merkwürdig, und die Sache mit dem Hausmädchen . . .

Natürlich, da ist mir ein kleiner Fehler unterlaufen. Es ist nicht so, daß ich Solveig für das Hausmädchen gehalten hätte, ich weiß, daß sie meine Tochter ist. Ich hatte in diesem Augenblick nur nicht daran gedacht, daß wir uns zur Zeit keine Hausangestellte leisten können. Woher auch, bei meiner Rente. Schlimm genug, daß Solveig arbeiten geht. Das gab es in meines Vaters Haus nicht. Meine Mutter arbeitete nie, und es war immer eine Hausangestellte da. Ich kenne noch ihre Namen. Die erste hieß Bertha, ziemlich beleibt, mit dicken grauen Strähnen in ihrem ewig fettigen Haar. Ich ekelte mich vor ihren schwitzenden Händen, die sie ununterbrochen an ihrer grausteifen Schürze abwischte, vergeblich natürlich. Dann Rosi, ein junges Ding, immer vor sich hin trällernd, von Vater zehnmal am Tag zur Ruhe ermahnt, bis er es schließlich aufgab. Sie hat uns bald verlassen, um einen Maurer zu heiraten. Zum Schluß Marthe, eine vertrocknete Jungfer. Sie schien schon alt zur Welt gekommen zu sein. Sie wirkte älter als meine Großmutter, obwohl sie in Wirklichkeit kaum vierzig gewesen sein dürfte.

Ich erinnere mich an viele Einzelheiten, obwohl es schon sehr lange her ist. Bertha erzählte beispielsweise ständig neue Geschichten aus ihrem Dorf Gatow. Sie war ein unerschöpfliches Reservoir an Anekdoten. Alle Märchen, die sie mir vor dem Einschlafen erzählte, siedelte sie in ihrem Dorf an. Rotkäppchen war dort genauso zu Hause wie die sieben

Geißlein oder Schneewittchen. Keine Folter hätte ihr das Geständnis entreißen können, daß es in ihrem Dorf in Wahrheit seit Menschengedenken gar keine Wölfe mehr gab. Empörung erntete, wer an der Existenz ihrer heimatlichen Trolle, Zwerge und Walddruden zweifelte. „Bertha, setz dem Jungen keine Flausen in den Kopf", ermahnte sie mein Vater manchmal, was sie nur mit einem traurigen Kopfschütteln quittierte. Der Herrschaft widersprach man nicht, man konnte sie nur heimlich bedauern.

Rosi erzählte keine Geschichten. Sie las lieber selbst welche, billige Hefte, gefüllt mit schmalzigen Liebesromanen, die sich zwischen Grafen und Dienstmädchen abspielten, und schreckliche Räuberlegenden, in deren Mittelpunkt unschuldige entführte Jungfrauen standen. Mit blassem Gesicht, angehaltenem Atem und Tränen in den Augen folgte sie den Leidenswegen jener unglückseligen Mädchen, die in finsteren Höhlen schmachteten, bis sie ein wunderbarer Prinz ans Tageslicht zog — es sei denn, daß mein Vater mit einem herrischen Befehl der idyllischen Träumerei ein vorzeitiges Ende bereitete.

Von Marthe gibt es am wenigsten zu erinnern, sie war trocken und humorlos, weiter nichts. Ich kannte später noch eine Rosi, meine dritte Sekretärin am Institut. Moment mal, das wird das Institut gewesen sein, von dem die beiden Männer sprachen. Wie lange ist das her! Ich hätte mich erkundigen sollen, wie es Rosi geht. Warum hat sie mich niemals besucht? Es ist nicht schön, wenn die alten Verbindungen abbrechen. Immerhin hat man mehrere Jahre im selben Raum gearbeitet, Sorgen und Erfolge miteinander geteilt. Das läßt sich nicht wegwischen, es ist ein Teil unseres Lebens.

Meinen Geburtstag werde ich ganz groß feiern, aber anders, als sie sich das vorgestellt haben. Solveig soll alle Bekannten einladen. Alle, die in meiner Erinnerung leben. In der richtigen Reihenfolge ergeben sie ein Bündel von Lebenslinien, eine Kette von Episoden, festgemacht an Personen, in deren Kreuzungspunkt ich stehe. Statt solange mit den beiden Fremden zu tuscheln, sollte sie die Adressen meiner Freunde heraussuchen. Ich muß erkunden, wie diese Fremden zu meinen Bekannten stehen. Ich ging die Treppe hinunter und fragte sie.

Sie standen mit Solveig bereits an der Haustür und gaben ihr irgendwelche Ratschläge. Das können sie sein lassen, ich weiß besser, was wir brauchen. Ich fragte sie: „Wie geht es Steinberger?" Sie sahen mich erschrocken an. Dieser Name ist ihnen sichtlich unangenehm. Steinberger ist mein bester Chemiker, meine Herren, dem können Sie nicht das Wasser reichen. Jawohl. Ich versuchte es noch einmal: „Was macht Dietrich Horn?" Das gleiche verlegene Schweigen. Mir reichte es. Es wurde Zeit, daß sie gingen. Ich werde Solveig sagen, daß ich sie nie mehr sehen möchte. Ich habe mich begnügt, abzuwinken und ohne Gruß wieder in mein Zimmer zu gehen. Wichtig: Keine fremden Männer aus diesem Institut mehr empfangen!

Kalte Füße, kalte Hände, kalte Finger. Ich reibe und reibe, aber es hilft nicht. Das Blut weigert sich zu zirkulieren, erst sterben die Kapillaren, dann die größeren Arterien, zum Schluß das Herz. Der Tod wandert von außen nach innen. Das Leben ist ein langsames Sterben, ein allmähliches Gefrieren des Blutes, nichts weiter. Das Altern des Menschen beginnt mit seiner Geburt, habe ich irgendwo gelesen. Ich mache Gymnastik mit meinen Fingern, krümme und strecke die Gelenke, bis es knackt, versuche, dem Tod den Einlaß zu verwehren. Aber er ist hartnäckiger als ich. Seine Ausdauer ist größer, seine Geduld unendlich. Nach wenigen Minuten Bewegung ermüden meine Finger, kaum vermögen sie noch den Füller zu halten, er dagegen ermüdet nie. Lange Zeit ist das Leben stärker als er, aber er ist ausdauernder. Er kann warten, denn seine Stunde kommt bestimmt. Eilig hat es nur das Ungewisse. Was kann sicherer sein als der eigene Tod?

Ich brauche ein Fußbad. Gut, daß der Klempner hier war. Die Therme gibt heißes Wasser, man muß nur den Hahn mit dem roten Punkt aufdrehen. Nicht zuviel Wasser, meine Arme zittern, ich würde es nur verschütten. Die Finger sind derart steif, daß es mir kaum gelingt, die Socken auszuziehen. Die Füße sind weiß, mit einem bläulichen Schimmer. Leichenfüße. Ich muß die Hände zu Hilfe nehmen, um sie in das Wasser zu heben. Die Hitze beißt sich durch die Haut. Das Kribbeln ist beinahe schmerzhaft, aber nicht unangenehm. Das Blut wird wieder flüssig, das in den Adern schon für alle Zeit erstarrt schien. Ein kleines Terrain Leben zurückgewonnen. Wer weiß, für wie lange, aber im Moment ist mir das egal. Ich kann mich in dem Sessel zurücklehnen und die Wärme mich durchströmen lassen. Angenehme Müdigkeit legt sich über mein Auge. Es ist wie autogenes Training. Entspannung, Ruhe. Ich schließe die Augen und lasse die Lichtreflexe über meine Pupillen tanzen.

„Vater!"

Solveigs Stimme. Ich bin anscheinend eingeschlafen. die Lichtreflexe sind fort und mit ihnen die Wärme. Das Wasser in der Schüssel ist unangenehm lauwarm. Die Tür steht offen, das Geräusch ausströmenden Wassers dringt herein.

„Mein Gott, wie lange läuft denn das Wasser schon? Die Therme glüht ja!"

War ich das? Ich wollte nur ein Fußbad nehmen. Sie soll nicht schimpfen. Bitte, es war nicht mit Absicht. Ich steige aus der Schüssel und hinterlasse nasse Spuren auf dem Teppich. Ich habe das Handtuch vergessen. Draußen erstirbt das Wassergeräusch.

„Marthe, bring mir bitte mein Handtuch."

Die Frau kommt herein. Zorn steht ihr im Gesicht geschrieben. Nein, das ist nicht Marthe, es ist Solveig. Sie wirft mir ein Handtuch zu, ohne ein Wort zu sagen. Das ist nicht schön. Rosi hat mir immer die Füße abgetrocknet und dabei ein Liedchen geträllert. Sie hat mich nie ausgeschimpft, sondern höchstens gesagt: „Ach, du Dummerchen, was hast du nur wieder angestellt!"

Aber von Marthe kann man das nicht erwarten. Wenn sie nur Vater nicht erzählt, daß ich vergaß, den Hahn zuzudrehen. Ich habe Angst vor dem Rohrstock. Ich werde meine Kinder nicht schlagen. Solveig hat Glück, daß sie an keinen strengeren Vater geraten ist. Da ist sie ja. Sie könnte freundlicher dreinschauen. Ob Marthe auch mit ihr geschimpft hat? Das wäre ungerecht. Sie sagt nichts, sondern trägt wortlos die Schüssel hinaus. Ich mühe mich ab, meine Socken wieder über die noch feuchten Füße zu ziehen. Aber es gelingt nicht.

Ich verstehe nicht, warum ich Steinberger nicht wiedersehen soll. Er war mein bester Mann, das lasse ich mir nicht nehmen, trotz aller Meinungsverschiedenheiten, die zwischen uns bestanden. Wir hatten mit den biochemischen Katalyseexperimenten angefangen, als noch niemand daran dachte, daß diese Richtung Zukunft haben könnte. Ich verstand nicht viel davon, begriff aber, daß dieser Mann Ideen hatte. Er war in eine Intrige verstrickt, nicht wahr? Das muß lange her sein.

Vor mir liegt eine Mappe mit den gesammelten Todesanzeigen der Kollegen. Alle habe ich durchgeblättert, Steinberger war nicht dabei. Also, wo steckt er? So eine Mappe ist sehr praktisch. Bei Einladungen zu Konferenzen unseres Hauses war ein Blick in diese Sammlung unabdingbar, um die Institutskartei auf dem neuesten Stand zu halten. Wer einmal versehentlich einen verstorbenen Kollegen zu einer Tagung einlud, weiß, wie peinlich ein solcher Irrtum sein kann. Eiskalte, verachtungsvolle Briefe gekränkter Witwen. Eine Rüge vom zuständigen Ministerium. Lest ihr keine Zeitung, ihr Trottel?

Solveig kam wieder mit dem Photoalbum. Ich sehe Kinder, eine Frau mit Seidenschal und Reihen würdiger Herren in Maßanzügen. Ich erinnere mich, daß sie diese Fragen nicht zum erstenmal stellt. Sie weiß, daß ich diese Abfragerei nicht mag, wir sind nicht beim Fernsehquiz. Aber sie ist hartnäckig.

„Wer ist das?"

„Dein Vater?" frage ich vorsichtig.

„Nein, Kohlberg. Mein Vater bist du selbst."

Stimmt. Hatte nicht daran gedacht. Sie ist Solveig, nicht Christa. Merkwürdig, wie ähnlich sie sich sehen. Ich klappe das Album mit einer entschiedenen Handbewegung zu. Was sollen mir diese toten Bilder von vor zwanzig Jahren. Damals sah Christa aus wie Solveig heute und ich wie mein eigener Sohn, den ich nie hatte. Kein Beweis gegen mein Gedächtnis, sondern nur ein Beleg für die Verwüstungen, die die Zeit in unseren Gesichtern angerichtet hat. Ich staune, daß meine Tochter diese Nostalgie nicht leid ist. Sie sollte an die Gegenwart denken, soviel Jahre, wie sie noch vor sich hat. Ich bin es, der vor allem aus Vergangenheit besteht.

Die Wörter sind es, die verlorengehen, nicht die Bilder. Die Bilder bleiben, sie verlieren nur ihre Ordnung. Ich kneife mich in den linken Unterarm und spüre nichts. Die Hand liegt schwer auf meinem Knie. Ich weiß, wie sich Leinenstoff anfühlt, aber es ist vergangenes Wissen. Die Tastzellen der linken Hand melden nichts mehr. Rechts ist es etwas besser, die rechte Hand habe ich häufiger benutzt, sie ist die Schreibhand, sie gehorcht noch.

Deshalb schreibe ich soviel, ich will sie in Übung halten. Ich mache alles mit ihr, die linke dient nur zur Unterstützung. Ich kann sie nie aus den Augen lassen, ohne die Kontrolle durch den Blick merkt sie nicht, was sie tut. Neulich habe ich ihr ein Buch anvertraut, da gab es auf einmal ein Geräusch im Flur. Ich sah zur Tür und hörte im nächsten Moment ein Krachen unmittelbar neben mir. Das Buch war dem Griff meiner Linken entglitten und hatte sich zu Boden gewälzt, von wo mir sein Inneres entgegenblickte. Ein vergeblich aufgeschlagenes Buch hat für mich etwas Obszönes, ich weiß nicht, woran es mich erinnert. Um es aufzuheben, mußte ich die rechte Hand zu Hilfe nehmen.

Der Frühlingswind zerzaust die Büsche im Garten. Aprilwind. Er verwirrt auch die Haare der

Frau, die unten wohnt. Ich kenne auch ihren Namen, nur im Augenblick ist er mir entfallen. So leicht wie der Wind möchte ich sein. Um und um wirbeln. Die Schwerkraft aufgeben, die mich an den Lehnstuhl fesselt. Wie schwer es fällt, sich zu erheben. Und wenn ich schließlich stehe, wie sehr reizt mich die weiche Sitzfläche, meinen trägen Körper wieder in sie hineinzusenken. Das ist es! Ich muß wieder Sport treiben! Wie konnte ich das vergessen! Die weichen Feldwege hinter dem Haus, der kleine Wald, in dem Spechte und Singvögel wohnen. Ihre Zeit beginnt wieder. Wo ist mein Trainingsanzug? Ich werde aus der Übung sein. Muß langsam beginnen. Zehn Minuten in gemäßigtem Tempo genügen zunächst.

„Solveig, wo ist mein Sportzeug?"

Auf einmal weiß ich ihren Namen wieder. Sie legt die Hand auf meinen Arm. „Vater, du kannst jetzt nicht hinaus. Der Wind ist zu stark, du würdest dich erkälten."

Sie führt mich zum Sofa. Auf einmal finde ich es angenehm, ihr nachzugeben. Ihre Stimme ist ruhig und bestimmt. Sicherlich hat sie recht. Es ist nicht gut, bei einem solchen Wetter ein neues Trainingsprogramm zu beginnen. Ich bin nicht mehr sehr abgehärtet. Sie legt eine Platte auf. Ich beobachte das Spiel ihrer Hände. Die Bewegungen sind sicher, knapp und dennoch elegant. Grazie, auf das Nötigste bemessen. Den Kopf in die Kissen gesenkt, lasse ich mich von dem Klangteppich einhüllen.

„Was ist das für Musik?"

„Mussorgski. Deine Lieblingsmusik."

Richtig. Kann sein. Ich habe nicht darauf geachtet. Warum setzt sie sich nicht zu mir? Ihre schmalen Hände würde ich gern streicheln. Aber sie geht in die Küche, das ist schade. Allein geblieben, verliert die Musik ihren Zauber. Sie ist fremd, als wenn sie mich nichts anginge. Meine Hände sind klamm, die Kissen wärmen sie nicht. Ich hole lieber mein Heft und schreibe, um wenigstens die Rechte in Bewegung zu halten. Viel hilft es nicht, die Kälte sitzt fest.

Wir haben ein neues Spiel erfunden. Solveig führt mich durch die Stadt und läßt mich Namen raten. Zuerst waren es Automarken, aber darin war ich noch nie gut. Besser ging es mit den Bäumen. Eiche, Linde, Buche. Aber dieser mit gezackten Blättern? Ich weiß genau, daß es in dem Wäldchen hinter dem Haus noch drei von dieser Sorte gibt. Ich kann sie durchaus wiedererkennen, nur der Name ist weg.

„Ahorn."

Wie Dietrich Horn, das ist leicht zu merken. Von ihnen gibt es zwei Arten, die man an ihren Blättern unterscheiden kann. Ihre Namen habe ich aber nicht behalten. So genau muß man es nicht wissen.

Die Frühlingssonne taucht die Glasplatte auf dem Schreibtisch in gleißendes Licht. Ich wünsche mir, daß sie meine klammen Hände auftaut. Die Wärme aus der Heizung addiert sich zu den Wärmestrahlen, die von außen eindringen. Erste Ahnung vom Sommer. Was für einen Urlaubsplatz bekomme ich dieses Jahr? Ich will wieder nach Jugoslawien. Dubrovnik wäre gut. Das muß rechtzeitig organisiert werden. Wo ist meine Sekretärin? Das ist kein Zustand hier. Immer wenn ich sie brauche, ist sie nicht da. Ich muß mit dem Kaderdirektor darüber reden. Wer ist zur Zeit auf diesem Posten? Schlimm, weiß nicht mal mehr, wie mein Personalchef heißt. Bin reif für die Pensionierung.

Solveig ruft mich.

Genau beobachten, was in meinem Innern vorgeht. Wechsel von Klarheit und Abwesenheit. Nicht die Wirklichkeit verlieren. Vorsichtig handeln, die Reaktionen der anderen beobachten. Sie halten mich für krank und lauern auf Anzeichen. Keine Blöße geben. Das Gedächtnis weist Lücken auf, und die Glieder sterben langsam ab, aber sonst ist noch alles in Ordnung. Laß dich nicht ins Bockshorn jagen, mein Lieber. Du bist besser drauf, als sie denken. Du wirst ihnen ein Schnippchen schlagen. Nicht kichern, das ist auffällig. Sie wissen ja nicht, worüber du lachst, und du darfst es ihnen nicht sagen.

„Wir fahren zu Doktor Kohlberg.“

Sehr vernünftig. Mit meiner linken Hand muß etwas geschehen, bevor sie völlig fühllos wird. Selbst die heißen Bäder helfen nur noch kurzzeitig. Überhaupt die Gelenke. Meine Knie werden steif. Es gelingt kaum noch, sie zu beugen. Das Aprilwetter ist launisch. Das Hausmädchen quengelt. Mantel, Schal, Handschuhe, Hut, immer das gleiche ernüchternde Ritual. Sie behandelt mich wie ein kleines Kind und zerrt an mir herum. Ich kann es nicht ertragen, wie sie mir mit dem Schal die Luft abdrückt. Die Wolle kratzt, vergeblich versuche ich mir etwas Freiraum zu verschaffen.

„Lassen Sie mich in Ruhe, Marthe."

„Ich bin Solveig, Vater!"

Natürlich, ich erkenne sie. Warum benimmt sie sich nicht wie eine artige Tochter, dann besteht auch kein Anlaß zu Verwechslungen.

„Zerr nicht an mir herum, sonst sag ich's deiner Mutter."

Sie seufzt und sagt: „Gehen wir."

Wenigstens vor ihrer Mutter hat sie Respekt. Draußen steht ein blaues Auto. Sie öffnet die Tür und fordert mich auf einzusteigen. Der Wagen gefällt mir, er ist geräumig, die Fensterscheiben sind getönt, wirklich vornehm. Ich wußte gar nicht, daß sie sich ein solches Gefährt leisten kann.

„Was ist das für ein Auto? Wie lange hast du es schon?"

„Ein Volvo, wir haben ihn seit neun Jahren."

Bemerkenswert. Ich fühle mich wohl. Es drängt mich, ein Lied zu pfeifen, der Frühlingsstimmung nachzugeben, irgend etwas Außergewöhnliches anzustellen. Ich möchte Solveig eine Freude machen, Blumen kaufen oder Karten für die Oper.

„Weißt du, Solveig", plaudere ich munter drauflos, „ich finde es schade, daß wir schon lange nichts mehr gemeinsam unternommen haben. Wann waren wir beispielsweise das letztemal im Theater? Du mußt mehr unter die Leute. Ich bin Rentner, habe Zeit, ich werde mich darum kümmern. Lohengrin würde ich gern mal wieder sehen. ‚Nie sollst du mich befragen . . .' Fängt nicht so die berühmte Arie an? Siehst du, mein Gedächtnis funktioniert wie eh und je. Wenn der Schaden mit der linken Hand behoben ist, kann ich wieder alles machen wie früher. Ich lebe gesund, das weißt du, ich kann ohne weiteres neunzig Jahre alt werden, vielleicht sogar hundert. Was hältst du davon, wenn wir nachher nicht gleich nach Hause fahren, sondern uns ein gemütliches Café suchen, so eins mit kleinen hellen Stühlen und niedlichen Mokkatäßchen? Du bestellst dir den größten Eisbecher, den sie auf der Karte haben, und ich nehme einen starken Mokka, einen, in dem der Löffel stehen bleibt, so dick muß er sein."

Solveig lächelt.

Ich war froh, das Eis zwischen uns gebrochen zu haben. Am liebsten hätte ich sie umarmt. Es ging nicht, sie mußte das Auto lenken, aber ich würde es später nachholen.

Wir hielten vor einem Altbau mit bröckelnder Außenfassade. Ich las das Schild mit Kohlbergs Sprechzeiten. „Es ist geschlossen", stellte ich fest.

„Wir sind angemeldet."

Umsichtig. Sie klingelte. Fast augenblicklich öffnete ein etwa fünfzigjähriger Herr mit Spitzbart und randloser Brille die Tür. Der weiße Kittel ließ mich erraten, daß dies Kohlberg sein mußte. Ich wunderte mich ein wenig, daß Solveig mich nicht vorstellte. So ging ich selbst auf ihn zu und schüttelte ihm die Hand.

„Angenehm, Konradt mein Name. Doktor Kohlberg, nehme ich an?"

Er blickte mich sehr verdutzt an, ohne zu erklären, warum. Er hieß doch Kohlberg? Waren wir nicht angemeldet? Schließlich nickte er.

„Kommen Sie herein. Wer ist Ihre charmante Begleiterin?"

„Meine Frau."

Was sollte diese Frage? Ein Test vielleicht? Er mußte es doch wissen, wenn sie uns angemeldet hat. Lieber nichts fragen, tun, als ob alles normal sei.

„Sehen Sie, Doktor", sagte ich, als wir in seinem Sprechzimmer Platz genommen hatten, „der Grund, warum ich Sie aufgesucht habe, ist meine linke Hand. Sie ist wie abgestorben, irgendein Nerv ist wohl verklemmt. Das ist ärgerlich, bei vielen Tätigkeiten kommt man nun mal ohne die linke Hand nicht aus. Ich mußte mich beispielsweise herfahren lassen, mit nur einer Hand zu lenken wäre mir zu riskant gewesen."

„Wann hat das angefangen?"

Ich hatte einen guten Eindruck von dem Arzt. Er

war ruhig und besonnen, stellte präzise Fragen und hörte sich geduldig meine Erklärungen an, fiel mir nicht ins Wort. Ich spürte, das war ein Mann, der es verstand, auf seine Patienten einzugehen, für ihn war ich mehr als nur ein Fall. Er horchte mich ab, ließ mich die Hand öffnen und schließen, tastete die Arterien ab und maß schließlich den Blutdruck. Nachdem er ein Rezept ausgeschrieben hatte, hieß er mich vor dem Infrarotstrahler Platz nehmen.

„Wir machen eine Bestrahlung von zehn Minuten. In Zukunft kommen Sie zweimal in der Woche. Wenn Sie sich regelmäßig bestrahlen lassen, werden wir Ihre Hand wieder hinkriegen.“

Er schaltete das Gerät ein und ermahnte mich, still sitzen zu bleiben. Ich konzentrierte mich auf den schwachen Widerschein roten Lichtes auf meinem linken Unterarm. Erst als ich Solveigs Stimme aus dem Nebenzimmer hörte, bemerkte ich, daß beide den Raum verlassen hatten.

Seine Worte waren nicht zu verstehen. Solveigs helle Stimme durchdrang dagegen die Tür mit Leichtigkeit. Mit ein bißchen Mühe konnte ich den Sinn ihrer Sätze begreifen. Ihre Stimme klang verzweifelt.

„Sie haben mir gesagt, er könne noch zwanzig Jahre damit leben. In Wahrheit ging es innerhalb von zwei Jahren derart abwärts mit ihm, daß man ihn nirgendwo mehr allein hinlassen kann. Wissen Sie noch, wie ihn damals die Polizei gebracht hat?“

Seine Antwort konnte ich nicht verstehen, ich vernahm nur sein leises Gemurmel, ohne Worte unterscheiden zu können. Solveigs Sätze kamen dagegen klar aus dem Nebenraum. „Manchmal macht er mich wütend. Er ist so uneinsichtig, er begreift nicht, wie schwer er es mir mit seiner Starrköpfigkeit macht. Es fällt mir sehr schwer, mich ständig daran zu erinnern, daß er für seinen Zustand nichts kann. Wäre es nicht besser, man sagte ihm klipp und klar, daß er seine Situation nicht mehr unter Kontrolle hat, und verlangte von ihm, daß er auf die Hinweise seiner Angehörigen zu hören hat?"

Wieder antwortete Kohlberg leise. Das Gespräch hatte mich aber neugierig gemacht, Solveig redete mit ihm ganz anders, als wenn sie mit mir sprach. Deshalb erhob ich mich leise und lauschte an der Tür.

„. . . völlig nutzlos", sagte der Arzt gerade. „Alzheimerpatienten besitzen im fortgeschrittenen Stadium nicht mehr die Kritikfähigkeit, die nötig wäre, um ihr eigenes Leistungsvermögen real einschätzen zu können. Vertraute Umgebung, Zuwendung, das sind Hilfen, die ihnen erlauben, so lange wie möglich handlungsfähig zu bleiben. Aber am Ende bleibt den meisten das Pflegeheim nicht erspart, obwohl sie dort schneller abbauen. Es ist aber besser, als wenn sie aus Unachtsamkeit Gas ausströmen lassen, die Wohnung anzünden oder vor ein Auto laufen."

„Er müßte ständig beobachtet werden, aber mir fehlt die Zeit. Auf Arbeit stehe ich tausend Ängste aus und bin jedesmal heilfroh, wenn ich nach Hause komme, ohne einen größeren Schaden zu bemerken."

„Sie sollten unbedingt einen Antrag auf einen Pflegeheimplatz stellen, Frau Landau", antwortete der Arzt. (Wieso nennt er sie Landau?) „Es wird ohnehin nicht so schnell gehen, Sie wissen, wie lang die Wartezeiten sind. Natürlich, der Fall ist dringlich, das wird man berücksichtigen müssen."

„Das kann ich meinem Vater nicht antun."

„Er wird bald niemanden mehr erkennen und das Pflegepersonal mit Personen aus seiner Kindheitserinnerung verwechseln. In der Endphase ist es für die Patienten am wichtigsten, ständig Menschen um sich zu haben. Das übersteigt Ihre Möglichkeiten, Frau Landau."

Sie zögerte. „Mir ist nicht wohl bei der Sache."

Wehre dich, Solveig. Du bist meine Tochter, du mußt zu mir halten. Laß nicht zu, daß sie mich einsperren, ich brauche kein Pflegeheim. Manchmal bin ich ein bißchen vergeßlich, das stimmt. Aber ich bin gesund, ich kann klar denken. Ich führe dich in ein Café und kaufe dir einen Rieseneisbecher, den größten, den sie haben. Wir gehen in die Oper und sehen Lohengrin.

„Das kann ich verstehen." Der Tonfall des Arztes wurde beinahe herzlich, als er sich daranmachte, mein Todesurteil zu verkünden. „Glauben Sie mir, wie sehr es mich schmerzte, als ich vorhin merkte, daß er mich nicht wiedererkannte und sich unter falschem Namen vorstellte." (Von wem spricht er?)

„Wenn wir verhindern wollen, daß er sich irgendwo verirrt bei einem seiner unangekündigten Spaziergänge oder daß er Ihnen die Wohnungseinrichtung zerschlägt, wenn er irgend etwas nicht findet, und sich gar noch schwer verletzt, dann hören Sie auf die Stimme Ihrer eigenen Vernunft. Die Alzheimersche Krankheit ist genauso gefährlich wie Krebs, nur daß der körperliche Schaden nicht in der Lunge oder im Magen, sondern im Gehirn liegt. Sie verlangt daher eine ebenso sorgfältige stationäre Behandlung."

„Sie haben sicherlich recht, was das Pflegeheim betrifft. Leicht fällt mir die Entscheidung nicht. Aber ich sehe auch keinen anderen Ausweg."

„Solveig, nein!" Ich riß die Tür auf und stürmte in den Nachbarraum, aus dem mir meine Tochter und dieser Arzt mit erschrockenen Augen entgegensprangen. „Ich brauche kein Pflegeheim. Ich werde mich mehr um dich kümmern. Vorhin im Auto haben wir Zukunftspläne gemacht . . ."

„Nun beruhigen Sie sich doch, Herr Barthes!" Der Arzt kam mir entgegen und faßte mich am Arm. „Niemand will Ihnen Böses. Warum haben Sie die Bestrahlung unterbrochen?"

Ich riß mich los. „Ich pfeife auf Ihre Bestrahlung! Das ist ganz gemein, was Sie da mit mir vorhaben. Lassen Sie Solveig in Ruhe. Ich will nach Hause."

Ich fuchtelte mit meinen Armen vor seiner Nase herum. Erwürgen hätte ich ihn können! Oh, war ich wütend! Er drückte mich plötzlich in einen Sessel.

„Setzen Sie sich, nur keine Aufregung. Ihre Tochter ist doch hier."

Das sah ich selbst. Solveig beugte sich über mich und strich mir durch das Haar. Das mag ich. Warum kann es nicht immer so sein? Plötzlich kam der Arzt von links.

„Halten Sie den Arm fest."

Ich erschrak. Was hat er vor? Ehe ich noch protestieren konnte, hatte er die Kanüle in meinen linken Unterarm gejagt, dessen Ärmel noch von der Bestrahlung hochgekrempelt war. Ich wollte aufspringen, aber Solveig hielt mich fest, ich kam nicht frei. Die eigene Tochter!

„Das werden Sie büßen", rief ich. „Ich bin mündig, mit mir darf niemand so umspringen. Es gibt Gerichte . . ."

Plötzlich wurde mir dunkel vor Augen, und mein Kopf fiel nach hinten. An mehr kann ich mich nicht erinnern.

Aufgewacht bin ich in meinem Bett. Auf dem Nachttischchen stand Tee. Ich ergriff das Glas und trank gierig. Woher kam dieser schreckliche Durst? Es war mir noch nie so schwergefallen aufzustehen wie dieses Mal. Mir fiel die Spritze wieder ein. Was mögen sie mir eingegeben haben? Eine Droge? Vor diesem Kohlberg muß man sich in acht nehmen. Hat er es auf mein Haus abgesehen? Ich verstehe nur nicht, welche Rolle Solveig dabei spielt. Mein Vertrauen ist erschüttert. Sie wird mir einiges erklären müssen. So leicht lasse ich mich nicht über den Löffel balbieren. Wir leben in einer zivilisierten Gesellschaft mit einem funktionierenden Rechtssystem. Ich werde meine Rechte zu schützen wissen.

Finstere Geschichten kommen mir in den Sinn. Gab es da nicht einen Hitchcockfilm? Wir sind hier nicht in Amerika. Wenn ich nur wüßte . . . Es ist alles so kompliziert. Ein Wunder, daß sie mich nicht bewachen. Irgendwer bewegt sich da unten. Der Arzt? Wie hieß er doch gleich? Nein, es ist Solveig. Sie will mich ins Pflegeheim schaffen. Hat sie das wirklich gesagt? Ich kann es kaum glauben, es erscheint mir wie ein wüster Traum nach einer durchzechten Nacht. Was macht sie da unten? Packt sie etwa schon meinen Koffer? Ich darf keine Panik aufkommen lassen, muß ganz ruhig bleiben.

Diese ewige Sucherei. Etwas, was ich überhaupt nicht leiden kann. Ich brauche meine Papiere. Ausweise, Geld und Schlüssel, ohne sie geht nichts. Welcher Trottel hat die Haustür abgeschlossen? Pflegeheim, daraus wird nichts. Ich muß systematisch vorgehen. Was brauche ich alles? Jetzt erst fällt mir auf, daß meine Ausweise nicht in meinem Schreibtischfach liegen, wo sie hingehören. Was ist das für eine Schlamperei? Hat Christa sie weggeschlossen? Ich wühle zwischen Papieren, ein Schubfach kippt heraus, der Inhalt verstreut sich auf dem Boden. Egal, jetzt ist keine Zeit zum Aufräumen. Vielleicht die Schrankwand. In welchem Zimmer steht sie nur? Sicherlich unten. Ich öffne alle Türen, einmal stoße ich mir heftig den Kopf. Am liebsten möchte ich losheulen, aber ich muß mich beeilen. Die Zähne zusammenbeißend, krame ich weiter. Überall nur Geschirr und Glas. Links unten ein Fach mit Bildbänden. Alles unnützes Zeug. Wann sind diese Sachen jemals benutzt worden? Ich ertappe mich, nur noch wahllos Türen aufzureißen, zwischen Handtüchern und Topflappen zu wühlen, manches Fach inspiziere ich bereits zum zweiten- oder drittenmal. Ich darf mich nicht aufregen. Sicherheitshalber schaue ich noch im Nähschränkchen nach, und da liegen sie. Meine Ausweise. So eine Hinterlist, sie hier zu verstecken. Was ist ein Mensch heutzutage ohne Papiere? Er kann nicht einmal beweisen, daß er geboren wurde.

Ich muß fort, bevor die Falle zuschnappt. Hier gibt es nichts, was mich hält, aber eine Frau und ein Arzt sind hier, die mich einsperren wollen, soviel ist gewiß. Sage keiner, das sei bloße Einbildung. Wahrscheinlich bin ich schon viel zu lange in dieser fremden Umgebung, ich muß zurück nach Hause. Papa macht sich gewiß Sorgen. Ob er schimpfen wird? Keine Zeit, darüber nachzudenken. Er ist streng, aber gerecht. Er wird mich verstehen. Weshalb steht in den Papieren der Name von Friedrich Barthes? Das Photo stimmt, es ist meins. Das ist die Hauptsache, niemand wird den Irrtum bemerken. Hier ist noch ein graues Heftchen. Ah, die Fahrerlaubnis, das ist gut. Die muß auch mit.

Meine Sachen. Der Koffer ist zu schwer. Eine Tasche genügt. Ich eile nach oben und krame in meinem Schrank. Ich brauche meinen Anzug. Und die Badehose. Es wird Sommer draußen, da müssen wir baden gehen. Der Anzug nimmt zuviel Platz weg, ich kriege ihn nicht unter. In diesem Fall muß die Hose genügen. Wird sowieso zu warm für die Jacke.

Der Papierkram aus meinem Schreibtisch muß hierbleiben. Warum ist kein Taschenkalender da? Ich werde nur dieses Heft mitnehmen, worin ich gerade schreibe, „Tagebuch" steht auf dem Umschlag. Tagebücher behält man bei sich. Ist alles meine Schrift. Wer weiß, ob das Geschreibsel überhaupt einigen Wert hat, aber damit kann ich mich erst später beschäftigen. Auch auf Reiseproviant muß ich verzichten, das hält nur auf.

Und nun raus. Verdammt, die Tür ist zu. Damit habe ich nicht gerechnet. Soll ich wahrhaftig aus dem Fenster klettern? Was hilft's, kann schließlich nicht ewig warten. Ein Wunder, daß sie nicht das Fenster vergittert haben. Halt, die Tasche muß mit.

Es ist sommerlich warm. Die Kirschbäume stehen in voller Blüte. Ein prächtiger Anblick. Können sich die Menschen nicht gemeinsam an der Schönheit der Natur erfreuen, statt sich gegenseitig das Leben schwer zu machen? Respektvoll die Erfahrungen alter Männer annehmen, statt sie einzusperren? Wie unwürdig, mich zu zwingen, durch ein Fenster zu klettern. Plötzlich merke ich, daß ich viel zu warm angezogen bin. Wo habe ich nur meine Gedanken! Rasch entledige ich mich des Wintermantels und reiße den Schal herunter. Ich lasse die Sachen im Garten liegen, ich brauche sie nicht mehr.

Die Garage ist ebenfalls abgeschlossen. Das hätte ich voraussehen können. In diesem Moment kommt eine Erinnerung hoch, eine vage Vermutung eher, ich greife unter den zweiten Stein von links und finde einen Schlüssel, der wunderbarerweise paßt. Die Garagentür gibt quietschend nach. Von innen blicken mir die großen viereckigen Scheinwerfer eines lackglänzenden blauen Autos entgegen. Irgendwie kommt mir dieser Nobelschlitten bekannt vor, aber ich kann diesen Eindruck nicht recht zuordnen. Ich will einsteigen, aber die Wagentür klemmt. Natürlich, die Autoschlüssel! Wie konnte ich das vergessen! Sie hängen immer am Schlüsselbrett im Korridor.

Ich laufe noch einmal zum Haus, hole mir eine Holzkiste, die am Gartenzaun steht, und steige mit ihrer Hilfe durch das Fenster ins Haus. Hoffentlich hat mich niemand gesehen. Im Flur hängen jede Menge Schlüssel. Da ist auch der Wohnungsschlüssel. Warum ist mir das nicht gleich eingefallen? Offenbar hätte ich gar nicht durch das Fenster klettern müssen. Ich schließe die Tür auf und eile mit den Autoschlüsseln zurück zur Garage.

Der Rest ist eine Kleinigkeit. Es ist zwar lange her, seit ich das letztemal am Steuer saß, aber sobald ich meine Hände auf das Lenkrad lege, stellt sich ein Gefühl von Vertrautheit ein, der Segen einer langen Fahrpraxis. Der Motor springt sofort an. Adieu, Pflegeheim. Jetzt geht es endgültig nach Hause. Keiner kann mich mehr aufhalten. Ich bin frei.

Ein Heft mit kleinkariertem Papier, zu zwei Dritteln mit seiner schmalen, flüssigen Schrift gefüllt, das ist beinahe alles, was die Polizisten und Ärzte aus dem Wrack seines Volvo haben bergen können. Der Körper war schrecklich zerquetscht, sein Gesicht beinahe unkenntlich. Dieser Anblick, als sie das Tuch hoben, damit ich den Toten identifizieren konnte, wird mich wohl mein Leben lang verfolgen. Dazu die Vorwürfe, die ich mir seit Tagen mache. Wußte ich nicht, daß er unheilbar krank war, daß er die Kontrolle über sich verloren hatte, daß es nur dem Zufall zu danken war, wenn ihm bis dahin nichts Ernsthaftes zustieß? Ich ließ alle Schlüssel im Flur hängen, einfach weil es ihr angestammter Aufbewahrungsort ist, sehr bequem zudem, um der ewigen Sucherei nach verlegten Schlüsseln ein Ende zu bereiten. Nie kam ich auf die Idee, er könnte sich eines Tages die Wagenschlüssel greifen, um eine Katastrophe anzurichten.

Kohlberg behauptet, mich träfe keine Schuld. Das ist ein schwacher Trost. Weder die Tatsache, daß er ohnehin nicht mehr lange zu leben hatte, noch, daß es objektiv unmöglich war, ihn ständig zu überwachen, kann mich mit dem entsetzlichen Ende meines Vaters versöhnen. Um so mehr, als lediglich der Kofferraum den Zusammenprall beinahe unversehrt überstand und mir auf diese Weise neben einigen Kleidungsstücken jenes Heft in die Hände fiel, dessen Inhalt mich zwingt, die Geschehnisse der letzten Jahre zu überdenken. Für mich sind seine Aufzeichnungen ein erschütterndes Dokument geistigen Verfalls eines hochintelligenten Mannes, der sein Leben in den Dienst der Wissenschaft und der raschen Entwicklung unseres Landes gestellt hatte. Ich war entsetzt, aus seinem Tagebuch zu erfahren, daß er von seiner unheilbaren Krankheit gewußt hat. Wie konnte er nur mit dem Bewußtsein leben, dem Verfall der eigenen Persönlichkeit wehrlos ausgeliefert zu sein! Im Grunde waren seine Versuche, mittels eines Tagebuches sein Gedächtnis zu retten, von vornherein aussichtslos. Sie dienten ihm höchstens dazu, den Gedächtnisverlust vor sich selbst zu verschleiern. Er hätte niemals von der Alzheimerschen Krankheit wissen dürfen! Dieses Wissen hat ihn um ein glückliches Alter gebracht. Das letzte, was ich für ihn tun kann, ist herauszubekommen, wer diese hirnverbrannte Ärztin war, die sich von ihm durch einen so billigen Trick die Auskunft über seine Tomographie entreißen ließ. Ich werde dafür sorgen, daß dies für sie ein unangenehmes Nachspiel hat.

Noch schlimmer traf mich der Inhalt seiner weiteren Notizen. Woher die Boshaftigkeit, das Mißtrauen, mit dem er meine Bemühungen um seinen Schutz, seine Pflege quittierte. Ich habe weiß Gott keine Dankbarkeit erwartet, aber solch bösartige Reaktionen nehmen den geopferten Stunden, den schlaflosen Nächten und den sorgevollen Bemühungen um sein Wohl jeden Wert. Der einzige Trost besteht darin, daß er mit sich selbst nicht glimpflicher umgesprungen ist. Ist es nicht traurig, welche Wirrheiten ein krankes Hirn ersinnen kann? Seine quälenden Selbstbezichtigungen, diese phantastische Geschichte mit der doppelten Identität, die Behauptung, niemals studiert, nie einen Doktortitel erworben zu haben — gibt es etwas Abwegigeres als einen derartigen Nonsens? Allen Kollegen sind seine brillanten Reden, seine von tiefer Sachkenntnis getragenen Diskussionsbeiträge und seine originellen Ideen, von denen ganze Kollektive zehrten, in noch zu guter Erinnerung, als daß irgendwer den Beschuldigungen, die er gegen sich selbst erhob, auch nur einen Schatten von Wahrscheinlichkeit beimessen könnte.

Selbstverständlich sind mir einige Vorfälle aus der jüngsten Zeit noch in frischer Erinnerung, bei denen er sich Konradt statt Barthes nannte. Aber gibt es einen besseren Beweis für seine Unschuld als den Fakt, daß er damit erst anfing, als seine Krankheit bereits in ihr Endstadium eintrat? Ich werde nicht so verrückt sein, seinen Erfindungen der letzten Monate irgendeinen dokumentarischen Wert zuzubilligen. Ich verstehe auch nicht, wie er dazu kam, in diesem Zusammenhang seine rühmliche Haltung während der genetikfeindlichen fünfziger Jahre mit selbstsüchtigen Motiven abzuwerten. Das klingt ja beinahe, als habe er bloß einer Erpressung nachgegeben und es sei reiner Zufall, daß er nicht im Gegenteil diesen Lyssenko unterstützte (dessen Namen ich zum erstenmal hörte, im Lexikon wird er nicht erwähnt).

Ich werde meinen Vater immer in guter Erinnerung behalten, so wie er in seinen besten Jahren für die Zukunft unseres Landes wirkte. Die letzten Jahre wurden verdüstert durch die Übermacht seiner unheilbaren Krankheit. Wenn sie irgend etwas gegen ihn beweisen, so lediglich eins: Man darf niemandem, der an einer solch gräßlichen, die Persönlichkeit zerstörenden Krankheit leidet, die Wahrheit sagen. Wer hat das Recht, einem solchen Menschen die letzten Lebensjahre zu vergällen? Die Wahrheit verträgt nur, wer im Vollbesitz seiner geistigen Kräfte ist, und das traf für meinen Vater schon zu dem Zeitpunkt, da er von der Diagnose erfuhr, nicht mehr zu.

Zu vielen Einzelheiten seines traurigen Tagebuches wären noch Kommentare nötig, die die Dinge richtigstellen. Letztlich kann das aber nichts an dem tragischen Ausgang seines Lebens und an der Vergeblichkeit seines Kampfes gegen das Schicksal ändern. Ich kann nur eins tun: dafür sorgen, daß das Bild meines Vaters als eines verdienstvollen Forschers und Wissenschaftsorganisators unbefleckt bleibt. Wären diese Aufzeichnungen doch nie geschrieben worden! Noch wage ich nicht, sie zu ver-

nichten, Geschehenes ungeschehen zu machen, jedoch hoffe ich sehr, daß sie nie jemand zu Gesicht
bekommt. Mit dieser Notiz versehen, werde ich sie
in der Tiefe meines Schreibtisches begraben.